그 남자는 왜 이상해졌을까?

■ **일러두기**

1. 이 책의 70퍼센트는 페미니스트 웹진 〈온라인 이프〉에 "남자가 바라보는 남성계"(2010~2012)라는 제목으로 연재된 글과 〈오마이뉴스〉에 송고한 기사(2008~2011)를 재구성한 원고입니다. 기존의 원고는 뼈대만 두고 문체를 뜯어고쳤고 시의성에 맞추어 적절한 내용을 첨가했습니다. 프롤로그와 에필로그를 비롯하여 나머지 30퍼센트는 새로운 꼭지들로 채웠습니다.

2. 인용문은 미주 처리하면서 출처를 밝혔습니다. 또한 그 내용은 출처의 콘텐츠를 그대로 싣되 띄어쓰기를 비롯한 명백한 맞춤법 적용 대상에 한해서는 교정을 보았습니다. 인용문 중에는 저자의 블로그 및 인터넷 매체에 소개된 글에 달린 댓글들이 있습니다. 그중 욕설 및 비속어가 있는 '악플'의 경우에는 닉네임을 밝히지 않았습니다. 또 그렇지 않은 경우라도 논쟁의 소지가 되지 않도록 제한적으로 닉네임을 밝혔음을 알립니다.

3. 책은 『 』, 책 속 소제목은 「 」, 언론사와 영화명, 프로그램명은 〈 〉, 기사 제목은 " ", 그 외 기사 인용 및 기타 사항은 ' '로 표기를 통일하였습니다.

4. 집단이라는 의미가 강할 때는 남성/여성을 구체적인 개인을 의미할 때는 남자/여자로 표기를 통일하였습니다.

5. 끝판왕, 가오, 졸라 등 사전에 등재되어 있지 않은 속어나 유행어도 본문의 맥락에 따라 그대로 허용했습니다.

그
남자는
왜
이상해
졌을까
?

오찬호 지음

부끄러움을 모르는 카리스마, 대한민국 남자 분석서

📖 동양북스

남성다움 혹은 여성다움의 본질은 쉽게 분류되지 않는다.

— 앤서니 기든스

한국 사회에서 자연스럽게 '남자로' 산다는 것은
무서운 일이다.

— 본문 중에서

차례

추천의 글 내가 마초라는 걸 깨닫는 순간, 천지가 개벽한다!
—서민(기생충 박사, 칼럼니스트) **010**

PROLOGUE 약자의 삶에 익숙지 않은 한국 남자의 딜레마 **016**

I　　**HEAD** 머리
　　"내가 배워야 할 건 군대에서 다 배웠다"

왜 '군대'는 금기어가 되었나? 029
군대 다녀오길 정말 잘했구나 043
우리는 복종에 찬성합니다 051
내가 배워야 할 건 군대에서 다 배웠다 064
괴물과 싸우면서 괴물이 되는 남자들 073
예비군 훈련과 민방위 훈련이 다를 수밖에 없는 이유 080

II　　**HEART** 가슴
　　"나처럼 좋은 남자도 없어"

'개저씨'는 혁명의 단어다 089
한국 남자들에겐 '배신의 DNA'라도 있단 말인가? 098
수치심과 폭력을 견디며 남성이 되어가다 109
남자는 왜 쓸데없이 당당해서 화를 자초할까? 119
초등학교 여교사가 신붓감 1순위인 것은 사실이잖아요! 126
누가 '김 여사'의 운전을 욕하는가 133
남편은 왜 명절 때만 되면 가부장이 될까? 141
예쁜 여자 앞에서만 초능력을 발휘하는 남자 147
옷을 그렇게 입고 다니니까 성추행을 당하지 153
나처럼 좋은 남자도 없어 161
남자들은 원래 그래 167

Ⅲ　SHOULDER 어깨
"남자로 살기 너무 힘들어"

남자로 살기 너무 힘들어 181
나는 왜 여학생들을 더 좋아했을까? 190
회사에 남자가 많은 건 다 이유가 있다니까 197
절대자의 성은 과연 남성일까? 207
누가 논개를 기생이라 말하는가 216
나쁜 속담들이 없었다고 상상해보자 228
요즘 젊은 엄마들이 정말 문제라니까! 236

Ⅳ　BACK 등
"내가 여자한테까지 무시당해야 돼?"

동네북이 되어버린 여자들 247
여성 흡연자들이 예의가 바른 이유 253
술집에서는 왜 '이모~'라고 부를까? 262
왜 누나는 남동생의 밥을 챙기는 걸까? 268
아침 드라마가 막장으로 가는 특별한 법칙 277
남자의 호구로 사는 여자들 286
기도밖에 할 게 없는 여자들 293

EPILOGUE '남자답게, 여자답게'는 이제 지겹지 않니? 299
감사의 글 304
주 306

내가 마초라는 걸 깨닫는 순간, 천지가 개벽한다!

서민(기생충 박사, 칼럼니스트)

그들은 왜 "남자를 잠재적 가해자로 몰지 마라"는

황당한 구호를 외칠까?

오찬호 선생님의 첫 책 『우리는 차별에 찬성합니다』를 읽을 때가 생각납니다. 한 줄 한 줄이 다 충격적이라 책장을 넘기는 손이 떨리던 그 순간이 머리에서 지워지지 않았습니다. 책의 충격이 너무 엄청난 것이어서, 그 후부터 젊은이들을 보는 눈이 좀 삐딱해졌습니다. 오 선생님의 다음 책 『진격의 대학교』도 충격적이긴 마찬가지였습니다. 자본에 포섭된 대학의 모습이 저를 절망하게 했으니까요. 오 선생님은 그 두 권의 책으로 저를 사로잡았습니다. 다음에는 어떤 책을 내실지 기대가 됐습니다. 젊은이, 대학에 이어 오 선생님의 타깃이 될 불행한 대상은 누구일지 말입니다.

그 대상은 안타깝게도 남성이었습니다. 오 선생님은 『그 남자는 왜 이상해졌을까?』(이하 그 남자)에서 한국 남성의 찌질함을 정면으로 비판합니다. 이것이 안타까운 이유는 앞으로 오 선생님이 남성들의 줄기찬 공격에 시달릴 것 같아서입니다. 포털 사이트에 뜬 기사에 달린 댓글의 성별 분포를 제공해준 덕분에 알게 됐는데요, 댓글의 80퍼센트를 남성들이 달더군요. 댓글란이 왜 그렇게 폭력적인지, 왜 그렇게 여성 비하가 많은지 비로소 알 수 있겠더라고요. 된장녀, 개똥녀를 비롯한 무슨무슨 녀 시리즈가 인터넷에 난무했던 것도, 기사와 무관하게 여성부를 증오하는 댓글이 판을 친 것도 다 그 때문이었습니다. 수적 우위를 발판으로 마음껏 여성혐오적 발언을 내뱉었던 것이지요. 그간 침묵하던 여성들이 '메갈리안'이란 사이트를 만들어 반격을 개시한 건 최근의 일이지만, 죽치고 앉아 댓글만 다는 남성들을 이겨내긴 힘들어 보입니다. 늘 희생양을 찾아 까기 바쁜 그분들의 화살이 오 선생님을 향할까 봐 걱정이네요.

물론 남성들의 분노엔 그 나름의 근거가 있습니다. 남자로 태어나서 힘든 게 많다는 것이지요. 그런데 이분들의 주장은 과연 타당한 것일까요? 군대를 예로 들어봅시다. 군대가 힘들지 않다는 건 물론 아닙니다. 소중한 청춘을 바치는 게 짜증 나기도 하겠지요. 그런데 군대 가는 게 그렇게 억울하면 모병제를 하자고 하면 될 텐데, 그런 주장은 하지 않은 채 늘 '여자도 군대 가라'고 목 놓아 외칩니다. 군대를 여성이 보낸 것도 아니고, 여성은 병역 의무를 지지 않는다는 법을 만든 것도 남성인데 말입니다. 게다가 2년 동안 군대에 갔다 왔다는 것을 빌미로 집안일을 전혀 안 한다는 건 좀 너무하지 않습니까? 전 남성이 여성에 비해 누리는 게 훨씬 많다고 생각합니다. 예컨대 공중화장실 갈 때를 비교해 보자고요. 남성들은 변이 마려우면 부담 없이 화장실에 가도 됩니다. 남성들의 유일한 걱정이라 해봤자 휴지가 없으면 어쩌나, 정도지요. 하지만 여성들은 다릅니다. 일단 화장실에 갔다가 몰카에 찍힐까 봐 걱정해야 합니다. 용변 장면을 보면서 흥분하는 남성 변태들이 있기 때문이지요. 실제로 남편이 자기 아내의 영상을 버젓이 올려놓은 '소라넷'을 생각하면 집에서도 마음 놓고 용변을 보지 못할 지경입니다.

게다가 공중화장실을 이용했다가는 이번 강남역 살인 사건에서 보듯 목숨까지 잃을 수도 있습니다. 강남역 살인 사건 이후 여성들의 추모 열기가 뜨거웠던 것도 평상시 당해왔던 울분이 그 사건을 통해 분출되었기 때문이지요. 마스크를 쓴 채 추모 현장에 나타나 "남자를 잠재적 가해자로 몰지 마라"는 황당한 구호를 외치는 남성들의 모습은 외려 한국 남성의 문제점이 심각하다는 것을 드러내줬지요.

오 선생님이 남성의 문제에 관심을 갖게 된 건 아내분의 출산이 계기였다고 합니다. 의사들이 돈을 더 벌기 위해 제왕절개 수술을 권한다고 생각해서 아내분을 고생시켰는데, 그에 관한 글을 썼다가 댓글로 융단 폭격을 맞고 난 뒤 본격적으로 남성의 문제를 연구하셨대요.

자신의 경험에서 우러나온 글들이라 그런지 글이 생생하고 가슴에 와 닿습니다. 게다가 이 책에는 제가 오 선생님을 좋아하는 이유가 잘 나와 있습니다. 수시로 사이다 같은 깨달음을 전해준다는 것이지요. 예비군 훈련과 민방위 훈련에 대한 남성들의 태도는 왜 다른지, 개저씨와 된장녀의 차이점은 무엇인지 등등은 제가 이 책을 읽지 않았다면 절대 알지 못했을 것들입니다. 특히 인상 깊었던 대목은 사람들이 왜 술집에 가서 '이모'라는 호칭을 사용하는가, 였습니다. 그 이유를 알고 나서 저도 모르게 무릎을 쳤습니다. 궁금하신 분을 위해 미리 힌트를 드리고 싶네요. 초등학생들에게 "가족의 범위는 어디까지인가?"라는 설문 조사를 했답니다. 많은 이들이 할아버지 대신 반려견을 가족에 포함시켜 충격을 줬다는데요, 이들이 고모를 가족으로 꼽지 않은 이유가 재미있더군요. 그것은 바로 "엄마가 싫어하니까"였습니다.

남자로 태어나서 힘든 당신이 읽어야 할 책

이 책이 제게 와 닿았던 건 아마도 제가 이 책의 내용에 대부분

동의하기 때문일 겁니다. '사이다'라는 말도 사실은 자신과 의견이 같을 때 쓰는 말에 불과하지 않습니까? 하지만 '남자로 태어나서 힘들다'고 생각하시는 분들이라면 이 책을 읽는 게 쉽지 않으실 겁니다. 그럼에도 저는 바로 그런 분들을 비롯하여 전보다 더 많은 남성들이 이 책을 읽으면 좋겠습니다. 이 책을 읽고 느끼는 불편함이 크면 클수록 자신이 '마초'로 살아왔다는 얘기고, 지금 이 시대에 마초는 어디에서도 환영받지 못하니까요. 자신이 마초였다는 것을 깨닫는 순간에야 변화의 가능성이 생기게 마련입니다. 저도 그랬습니다. 제가 장남이라는 이유로 누리는 모든 권리를 당연하게 생각했으니까요. 그러다 정희진 선생님의 책을 만난 뒤 천지가 새롭게 열리는 느낌을 받았습니다. 알면 보인다고 했던가요. 그 책을 읽고 세상을 바라보니 우리 사회는 정말 남성들만의 공간이더군요. 하지만 그 책이 준 진정한 선물은 저로 하여금 좋은 남편이 되게 해줬다는 점입니다. 아내의 자리가 힘들다는 것을 이해하고 기꺼이 그 짐을 함께 지려고 노력하게 됐으니 말입니다. 이 책도 여러분을 그렇게 만들어주리라 믿습니다. 같은 남자가 쓴 책이니만큼 설득이 더 쉽지 않겠습니까?

위에서 제가 이 책에 '대부분 동의'한다고 했습니다. 한 가지 절대 동의할 수 없는 대목을 말씀드리지요. 안티 팬을 모으기 위해서 그러셨는지 모르겠지만, 다음 구절은 좀 심했습니다. "'설현'이라는 아이돌이 원체 끝내준다(?)길래, 한번 검색해보니 가소롭다."

오 선생님, 야구 중계 방송을 볼 때 교대 시간마다 설현이 나와서 이렇게 외치곤 합니다. '접속하라, 동부화재.' 저요, 그 후부터 입버릇처럼 '동부화재'를 외치고 다닙니다. 다음 달 보험 갱신할 때 제 차 보험사도 동부화재로 바꾸기로 했습니다. 이런 설현이 가소롭다니, 너무 나가셨습니다. 그렇더라도 이 책의 수많은 장점이 다 묻혀서는 안 된다고 믿기에, 이렇게 외쳐 봅니다. "접속하라, 그 남자!"

약자의 삶에 익숙지 않은
한국 남자의 딜레마

추모, 그다음 단계로 나아가기 위해서

강남역 10번 출구는 놀라웠다. 고인을 추모하는 수천 장의 메모지, 수백 개의 꽃, 수십 개의 촛불은 '단지 여성이라는 이유로' 불안해야 하는 사회에 대한 분노였다. 억울한 걸 억울하다고 말하는 건 당연한 일이지만 지금껏 여자는 그럴 수 없었다. 유례를 찾아볼 수 없는 이 열기가 천지개벽의 도화선으로 이어진다면 이 사회는 그래도 희망이 있을 것이다. 이는 '운 좋게도' 남자로 태어난 사람들과 그 시간에 다른 곳에 있었던 '운 좋았던' 여자들, 즉 죽지 않은 이들이 해야 될 일이다. 오늘보다 나은 내일을 만들기 위해 노력하지 않는 자는 시민이 아니다.

하지만 현재의 사회 수준, 그리고 이곳에서 사회화된 사람들이 이 문제를 제대로 풀어나갈지는 의문이다. 예를 들어 앞서 언급한 '천지개벽의 도화선'이라는 말도 부연 설명이 없으면 한국에서는 쉽게 왜곡된다. 이것은 여자도 '인간'으로 존엄하게 살 권리가 보장되어야 한다는 뜻이지 남자의 권리는 뺏는다는 의미가 아니다.

당연한 말이지만, '설명을 해도' 놀라운 상상력을 보여주는 이들이 한국에는 너무나 많다. '여성혐오를 중단하라'는 말에 '왜 모든 남자를 잠재적 범죄자로 보느냐'고 응수하는 이들이 대표적이다. 이때마다 "그런 뜻이 아니라, 한국처럼 성별 불평등이 심한 곳에서는 여자를 남자와 동급으로 보지 않는 시선이 존재할 수밖에 없는데 이는 합리적 이성을 가지지 못한 누군가의 여성혐오로 이어질 수도 있다"고 해명하다가는 말 그대로 논쟁하다가 지칠 뿐이다. 이와 비례하여 사회가 변화할 동력은 사라진다.

순수하게 추모를 하는 사람들을 볼 때도 아쉬운 마음이 든다. 누구든 '한국에서 자랐다는' 이유가 동일하니 결은 다르더라도 오래된 고정관념이 사고의 깊은 곳에 깔려 있는 것이다. 남자와 여자를 자꾸만 두 개의 상(像)으로 '분류'하려는 버릇이 있는 한 이 문제는 발전적으로 나아가기 힘들다. 이번 (언론의 표현을 그대로 따라) '묻지 마 살인 사건'을 듣고 엄청나게 흥분한 내 친구는 이렇게 말한다.

"남자 새끼가 쪽팔리게 여자나 괴롭히고 사냐. 그래도 예전에는 남자들이 '어떻게 여자를 때려?' 그러면서 자랐는데, 요즘은 이런 말하면 '역차별'이란다. 등신들, 불알 차고 나왔으면 그 값을 해야지. 아오, 가오 떨어져."

친구는 가슴이 미어져서 도무지 안 되겠다면서 기어코 나를 끌고 강남역으로 갔다. 울면서 꽃 한 송이를 올려놓은 친구는 '지켜주지 못해서 죄송합니다'라는 메모를 담벼락에 붙였다. 좋은 친구다. 하지만 아쉽다. 마음은 알겠지만 이 친구야말로 '여성혐오'의 원인 제공자다. 친구는 남녀 구분이 단호하다. 남자는 여자를 '지켜주는' 강자이고 여자는 남자의 보호를 '받아야 하는' 약자라고 생각한다. 얼핏 기사도 정신 같지만 남자다움과 여자다움의 고정관념일 뿐이다. 이 말이 예전에는 그럴듯해 보였던 이유는 정말로 남자는 강자였고 여자는 약자로만 살아야 했기 때문이다. 같은 일터에 있어도 여자는 남자들에게 커피 타주는 존재였다. 남녀가 의견을 주고받을 일 자체가 없으니 갈등도 없었다. 그래서 여자는 쥐 죽은 듯이만 살면 목숨을 보존받을 수 있었고 폭력을 예방해주는 남자를 만날 수 있었다. 그런 명명백백 약자에게 행하는 폭력은 누가 보아도 정당하지 않다. '자신의 권력을 남용'하는 쪼잔하고도 배포 없는, 아울러 도량이 부족하다는 평가를 받을 뿐이다.

인간을 향한 폭력 자체에 엄중한 죄를 묻는 게 아닌 남자다움에 어울리지 않았기에 부끄러움을 느껴야 한다는 식의 분위기, 이는 더더욱 '남자라면' 이래야 하고, '여자라면' 저래서는 안 된다는 이분법적 망상을 남자들에게 심어주었다. 일종의 시한폭탄이 내장된 셈이다. 1차 폭발은 노동시장이 불안정해지면서 등장한다. 어라? 지금의 자신은 상상했던 '강한' 남자의 근처에도 못 간다. 이건 자신이 원했던 삶이 아니다. 심리적으로 엄청난 충격을 받는다. 2차 폭발은 그다음이다. 약자로서 살아가는 것에 익숙지 않았던 이들은 '약자인 줄만 알았던' 여자가 자신과 동급 혹은 그 이상의 권력을 가지는 걸 도무지 받아들이지 못한다. 남자 상사가 욕을 하면 "그 인간, 성질 한번 더럽네" 하고 넘어가지만, 여자 상사가 욕도 아니고 조금만 강압적인 태도를 보여도 "여자가 나를 무시하네"라는 놀라운 발상을 하게 된다. 이건 새로운 남자의 출현이 아니다. 주로 '아빠가 출근하고 엄마가 안아주던' 시대에는 지금의 아노미를 겪는 이들이 없었을 뿐이다.

내 친구의 진단과 처방은 틀렸다. 고성장 시대가 저물어감에 따라 남자의 가치가 상승하는 시대가 다시 올 리 없다. 행여 오더라도 성별이 권력관계로 고착화되는 '무늬만 평화'를 원해서도 안 된다. 여성혐오는 사람이 남자답지 못해서가 아니라 한국 사회의 이상한 '남자다움'을 맹목적으로 강요받았던 누군가가 '여자다움'에 길들여져 있지 않은 사람들에게 불만을 느껴 '인간다움'을 넘어선 행동을 했음을 말한다. 모든 남자가 범죄자라고 일반화해서는 안 되겠지만 대다수의 남자가 폭력의 전제가 되는 상태를 강요받는 사회에 살고 있음을 어찌 부인하겠는가. 그러니 남자다움, 여자다움으로 사람의 행동을 이해하고 평가하는 분류 중독에서 벗어나기 위한 노력을 하지 않는 한 좋은 사회가 쉽사리 올 리 없다. 이것이 남자다움, 여자다움의 비극을 모은 이 책의 목적이기도 하다.

L에게 미안함을 전하며

목적이 의미심장하다고 모든 글이 책으로까지 진행되진 않는다. 특히나 경제적 효율성 지점으로 고민하다 보면 세상에서 '책으로 돈 번다는' 생각은 참으로 바보스럽게 느껴진다. 그래서 몇 년 전에 연재했던 칼럼들을 모아 책으로 다시 정리할 생각은 없었다. 하지만 시도 때도 없이 등장하는 '강한 남자'에 대한 한국 사회의 열망이 만들어내는 웃지 못할 풍토들, 그리고 이를 어이없어하는 '여자'에게 사회생활 어쩌고를 운운하는 시선들이 사라지기는 커녕 더 활발해지는 것을 보니 생각이 변했다. 연재 당시, 엄청난 악플에 시달려 '남자가 남자를 비판한다'는 것에 대한 부담감은 여전하지만, 다시 공론화하여 신나게 토론할 수 있다면, '조금이라도' 이 사회가 상식적으로 변하리라 생각한다. 이 다짐의 결정적인 계기가 된 사건은 2013년 여름에 있었던 고등학생들의 '해병대 캠프 사고'였다.

사고는 술 마신 교관이 누구를 폭행한 그런 일이 아니었다. 바다 안에서 어깨동무를 하고 '앉았다 일어서기'를 하는 것은 캠프의 정상적인(?) 프로그램의 하나였다. 그런데 순식간에 학생들은 파도에 휩쓸렸고 실종된 다섯 명은 다음 날 차디찬 시신이 되어 돌아왔다. 학생들은 왜 저런 프로그램에 참여하는 걸까?

고등학생들이 교련 시간에 총 들고 땅을 기던 시절에도 '병영캠프'가 이처럼 조직적으로 성행하지는 않았다. 그 교련마저 90년대 초부터는 '응급구조' 학습 형태로 변하면서 교육과정에서 '군대의 색깔'을 지우는 것은 일종의 시대정신이었다. 패기 캠프, 강철 캠프, 극기 훈련을 위한 무박 2일 야간 행군 같은 건 없었다. 군대 경험이 교육을 대체할 수는 없다는 것은 상식이었다.

그런데 사고가 난 '병영캠프'는 교육청이 적극 협력한 '창의적 체험 활동'의 하나였다. '국토대장정'처럼 군대에서 필요한 '극기'를 우회적으로 개인에게 주입하던 것이 이제, 군대 경험 자체가 교육이 되어버린 셈이다. 관련 시장은 2009년 이후 세 배나 커져 연 9조 원 규모다. 매년 2만 명 이상의 학생들은 이런 체험을 한다. 이들은 병영캠프에 가서 통나무를 들고 고함을 지르거나 화생방 훈련을 하면서 매캐한 연기에 눈물범벅이 된다. 이런 학생들의 모습이 찍힌 사진들은 외국 언론에서 '올해의 웃긴 사진'으로 소개되거나 '조작일까요? 사실일까요?'라는 퀴즈 문제로 등장한다.

다른 나라의 비웃음에도 불구하고 한국 사회는 '너도 나도' 군대 정신이 필요하다고 난리다. 왕따를 당한 병사가 총을 난사하고, 동작이 좀 느리다는 (말도 안 되는) 이유로 '집단 구타' 끝에 사람이 죽어간 비극이 등장해도 이 사회는 '일상의 병영화'를 만들고자 발악을 한다. 박노자의 표현을 빌리자면 "전국 병영화는 비공식적 '국시'"[주1]다. 기마 자세로 3시간 버티기, 100km 야간 행군을 신입 사원 연수에서 하는 것은 기본이다. 〈진짜 사나이〉란 예능 프로에서는 여자들에게 군대 경험을 시키고 "남자들이 이렇게 고생하는 줄 몰랐다"는 닭살 돋는 멘트를 기어이 끄집어낸다. 연예인의 육아 생활을 보여주는 방송에서 네 살짜리 아이들에게 '병영 체험'을 시키는 기괴한 일도 발생한다. 아이는 '무엇인지도 모르는 채로' 입소식도 하고 경례도 하고 눈물을 보인다고 교관에게 혼나기도 한다. 그 모습에 연예인 아빠는 응석받이로 자란 아이들에게 규칙과 틀이 필요했는데, 여기서 '어른스러움'을 보였다면서(불과 네 살짜리에게!) 흐뭇해한다. 그리고 '바보' 언론들은 방송의 캡처 화면을 모아 감히 '뉴스'라는 이름으로 사람들의 클릭을 유도한다. SNS에서는 이런 현실을 개탄하는 글들이 종종 등장하지만 사이버공간 밖까지 영향을 미치지는 않는다.

오히려 '문화'라는 명목으로 보호받는다. 그래서 군대는 한 번쯤 경험해볼 만한 가치로 세상을 부유한다. 일제 강점기, 군사 독재를 거치면서 사회에 만연해진 '군인 정신의 필요성'은 글로벌 시대를 맞아 '취업에 도움이 된다'는 생뚱맞은 이유가 첨가되어 초 · 중 · 고 학생들에게 정당화된다. '나중에 스펙으로 활용하기에 좋다'는 것이 병영캠프에 참가할 이유였으니 얼마나 황당한 일인가. 하지만 모두가 이 상황을 받아들인다. 부당한 대우 속에서도 오랫동안 군소리하지 않고 버틸 수 있는 자가 기업의 인재상이 되면서 과거의 '군사 문화'는 죽지 않고 확대 재생산된다. 이 공간에서 '사회화'가 되는 남자는 독특해지고 그 남자들이 쥐어 잡고 있는 사회는 '일상의 군대화'가 만연해진다.

아울러 '강한 남자'가 지속적으로 배출될수록 여자를 특정한 스테레오타입으로 바라보는 경향은 강화된다. '강한 남자'가 보편화되면 남자보다 물리적으로 약한 여자들은 '역량이 부족한 자', 그래서 '남자를 도와주어야 하는', '집안일, 아이들 교육에 신경 써야 하는' 존재로 규격화된다.

어린이집 교사의 아동 폭행이 발생하면 꼭 등장하는 의견 중 하나가 "요즘 엄마들, 왜 그렇게 어린아이를 어린이집에 보내는 거야?"다. 남녀노소를 막론하고 "예전에는 안 그랬는데"라면서, 혀를 찬다. 보육 시설 확대에 따른 육아시간의 단축은 좀 더 나은 사회를 위한 시금석이지만 한국 사람들은 단면만을 끊어서 조롱한다. '아이들 맡기고 그 시간에 커피 마시며 수다나 떠는 아줌마들'이라는 말은 그렇게 탄생한다.

　고등학생이 병영캠프를 가고 '여자들은 집에서 애나 봐라'는 정서, 이 두 가지 황망함을 연결시켜 이 책을 완성했다. 나는 강한 남자를 만들려고 하는 세상의 우스꽝스러움, 그리고 여기에 짓눌린 여자들의 모습을 사회학의 시선으로 관찰했다. 이 책에서 남자들은 폭력의 가해자로 주로 등장하지만 실제 이들은 사회적 희생양이다. 이들은 자신의 억울함을 더 약자인 여자들을 무시하면서 보상받으려 했다. 그래서 '약해진' 한쪽은 생존을 위해 더 '강한' 남자를 요구하는 악순환이 이어진다. '더' 강해져야 하니, 남자들은 '더' 힘들다. 그리고 '더' 이상한 시야를 갖게 된다. 남자가 '여자들'을 비꼬는 모습은 어디서나 흔히 볼 수 있는 풍경이지만 한국에서 더 노골적인 이유가 여기에 있다.

　꽤 오래전에 출판사와 계약을 맺었는데, 지지부진하던 작업이 다시 탄력을 받게 된 결정적인 일이 있었다. '해병대 캠프 사고' 이후, 나는 강의 시간에 '군사 문화'를 비판하는 시간을 더 늘렸고 표현 수위도 굉장히 높였다. 그게 의무라 생각했다. 그러던 어느 학기, 그 사고에서 목숨을 잃은 다섯 명 중 한 명의 누나 L이 내 강의를 듣고 있었다. 나는 L의 존재를 모르고 있다가 돌이킬 수 없는 실수를 했다. '병영캠프'를 비판하는 강의 시간에 바로 '이 사고'에 관한 뉴스를 영상 자료로 준비했기 때문이다. 영상에는 사망자의 이름이 고스란히 등장했다. 몇 주 후, 다른 학생이 '유가족이 있다'고 슬쩍 말해줘서 사태의 심각성을 깨달았다. 나는 사과를 하려고 했지만 L은 이미 수강을 취소하고 강의를 포기한 상태였다. 직접 전화를 걸 용기가 없어 몇 번씩이나 문자를 보냈지만 답은 없었다. 그만큼 충격이 컸을 것이다. 이제 내가 L에게 할 수 있는 위로는 동생의 목숨을 앗아가게 한 한국 사회를 비판하는 것뿐이다. 날 원망하고 있을 L을 생각하면서 집필에 몰두했다. 미흡한 작업이었지만 L을 볼 면목이 조금은 있을 만큼의 노력은 했다.

2016년 7월

오찬호

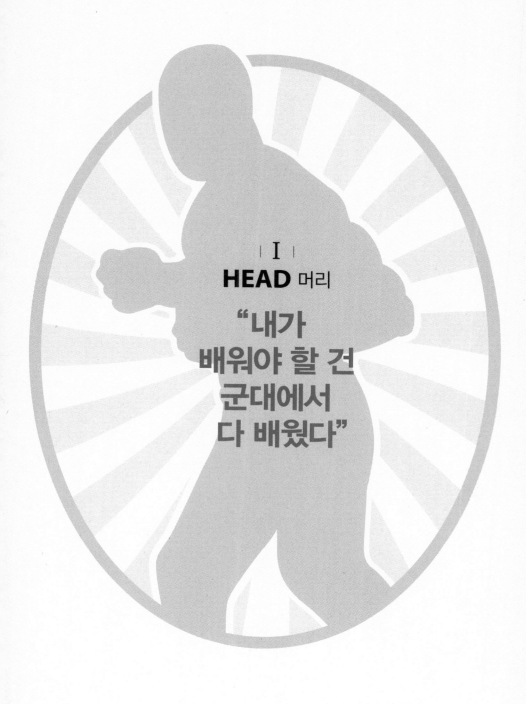

I

HEAD 머리

"내가
배워야 할 건
군대에서
다 배웠다"

왜 '군대'는
금기어가 되었나?

사람은 살아가면서 늘 요령이란 걸 터득하게 되는데 나는 적어도 이 사회에서 어떤 말이 이성적으로 상대에게 납득되려면 '군대'라는 두 글자를 건드려서는 안 된다는 것을 알고 있다.[주2]

"네가 페미니즘 매체에 칼럼을 써? 너 마초 아니었어?"

페미니즘 매체에 2년간 글을 연재하면서 가장 많이 들었던 말이다. 뭐, 틀린 말이 아니다. 나는 전형적인 경상도 집안에서 보수적인 사고를 자연스레 교육받아 왔고 좀처럼 그 색깔을 벗겨내지 못했다. 20대 중반이 되어서도 '착하고 말 잘 듣는 여자'가 이상형이라고 공공연히 밝히고 다닐 정도였다. 개인 취향일 수는 있겠지만, 세상의 스테레오타입을 비판하는, 특히 남자라는 권력으로부터 만들어진 순종적 여성상(像)을 의심하라고 가르치는 사회학 강사라면 이야기가 좀 다르다. "어떻게 너는 사회학 강사라는 사람이 그렇게도 사회학스럽지 못한 생각을 할 수 있어?"라는 핀잔을 듣는 게 일상이었으니 내가 (최소한 그렇게 말하는 쪽에서 볼 때는) 지독히도 보수적이었나 보다. 그랬던 내가 '보수들이 가장 싫어한다는' 한국의 페미니스트들과 비슷한 논지의 글들을 쓰고 심지어 '여성학' 강의마저 하고 있으니 동료들이 놀라는 건 당연했다.

———— 나는 왜 전향하게 되었나?

나의 '전향'에는 결정적인 사건이 있었다. 그렇다고 내가 무슨 마르틴 루터처럼 '탑의 체험'을 한 것도 아니다. 나는 '늘' 하던 일을 했을 뿐인데, 어느 순간 세상이 나를 페미니스트라 불렀다. 평소처럼 사회학의 시선으로 세상을 분석하고 글을 쓰는 일상의 어느 날, 그날의 주제는 '아내의 출산'이었다. 그 과정 속의 '아름다운' 에피소드를 작성하여 인터넷 매체에 송고하고 내 블로그에 올린 지 3시간 후, 나는 '페미니스트'가 되어 있었다. 그 전말을 공개한다.

결혼, 아내의 임신, 그리고 출산에 이르는 과정은 사회학 전공자에게 무척이나 흥미로웠다. 사회학은 단순하게 말해 개인의 인지, 행동에 지대한 영향을 미치는 사회의 존재를 들춰내는 학문이다. 그래서 비판 정신이 무엇보다 중요하다. 내 눈에 비친 한국의 출산 문화에는 못마땅한 것이 많았다. 특히, 별다른 사전 설명 없이 이루어지는 임신 기간 내 각종 검사들이 그랬다. 안 하기에는 찜찜한 기분을 '영리'가 목적인 병원은 교묘히 이용했다. 그렇게 9개월을 지내니 어느덧 나는 '의사를 불신하는' 사람이 되고 말았다. 의사들의 모든 권고는 '돈 벌려는 수작'으로 귀결될 뿐이었다. 병원은 아내에게 '자연분만이 힘든 케이스'라 했지만 난 콧방귀를 뀌었다. 아내에게는 "그게 다 제왕절개 수술을 유도해서 돈 벌려는 수작이지"라면서 무안을 줬다. 아내는 의사로부터 충분한 설명을 듣고 왔지만 '비전문가'인 남편의 '도도한' 잘난 척에 주눅이 들어 별다른 말을 하지 못했고 병원은 '그렇게 자연분만을 원하신다면' 유도분만 외에는 방법이 없다고 했다. 그래서 예정일보다 일주일 빨리 분만을 인위적으로 시도하게 되었다. 분만 대기실에 들어간 지 40시간 후, 나는 심경의 변화를 맞이한다.

대기실에는 여러 침대가 있고 산모들은 각자의 커튼 안에서 끙끙거린다. 진통의 절정에 이르렀다는 의사의 지시가 떨어져야지만 '분만실'로 향할 수 있다. 산모들은 '이제 때가 된 것 같다!' 면서 얼른 자신을 분만실로 옮겨달라고 하지만, 의사들은 "아직

멀었어요!"라고 야속하게 말하고 또 산모들은 절망하는 진풍경이 이어진다. 그 신음소리의 향연만으로도 나는 '때가 되어 진통 몇 번 참는 게' 출산의 고통이 아니었음을 알게 된다. 촉진제를 맞은 지 10시간이 지나자 아내에게도 진통이 시작된다. 현장의 소리를 직접 귀로 듣고 나니, 불안과 공포의 기운은 더 커진다. 아내의 고통은 슬슬 절정에 이른다. 의사가 찾아온다. 아내의 표정은 일그러질 때로 일그러졌지만 별 반응은 없다. 그러길 몇 차례, 의사는 생뚱맞게 내게 말한다.

"남편분이 자연분만을 하겠다고 그래서 유도분만을 해봤습니다만, 의미가 없어요. 산모분의 경우 수술 외에는 방법이 없습니다. 지금 저러는 거 괜한 고생만 시키는 겁니다. 태아한테도 안 좋아요."

나는 깜짝 놀라, 그게 무슨 소리냐고 했다. 그러자 의사는 예상했다는 표정을 짓더니 나를 따로 불러 말을 이어간다.

"제가 누차 말씀드렸어요. 자연분만 어렵다고. 그런데 산모분이 남편이 절대 안 된다고 해서 걱정 많이 하셨거든요. 그런데 지금 어려워요. 아내분 상태가 지금 어느 정도냐면, 남편분이 제 동생이라면 정말 혼내고 싶을 정도랍니다. 가끔 자연분만을 무슨 '부모 도리'처럼 생각하시는 분들 있는데, 전문가 진단을 안 믿으시면 어떡합니까. 이러다가 나중에 태아가 태변 먹고 응급조치 들어가면 그때는 또 늦게 조치했다고 우리보고 화내는 분들 간혹 있는데 정말 이해할 수 없네요."

그 순간 무언가에 뒤통수를 한 대 얻어맞은 느낌이 들더니 만감이 교차했다. 나는 지금까지 무슨 짓을 하고 있었단 말인가. 세상 비판한다는 사회학 공부가 뭐가 그렇게 대단하다고 어찌 한 사람의 고통을 모른 체했을꼬. 나는 한심한 사람이었다. 아내를 힘들게 하면서 그것을 '의사라는 권력'에 저항한다고 생각했으니 말이다. 오히려 '자연분만을 하는 것이 좋다'는 또 다른 사회 분위기에 내가 지배당하고 있었던 게 아닌가. 아내를 짓눌렀던 나의 몹쓸 집착은 논리적이지도 않았고 '주술'에 가까웠다. 그러면서 나는 스스로 '계몽적'이라 생각하고 있었으니, 낯짝이 부끄럽고 할 말이 없다. 의사의 꾸지람을 들은 후 나는 곧바로 수술을 결정했고 아내는 무사히 이후 과정을 겪어냈다.

나는 이 부끄러움을 글로 옮겼다. 영리 위주의 경영을 고집하는 병원의 문제점을 모든 '의학적 진단'을 해석하는 근거로 삼는 이 무지함이야말로 사회학에서 말하는 '계몽'의 대상 아니겠는가. 자연분만이 '최선'이라는 건 다 알지만, 그 '최선'이란 기준에 내 아이가 반드시 포함되어야 한다는 욕망 때문에 또 다른 누군가를 고통스럽게 했던 생생한 현장 경험담을 그대로 드러냈다. 실제로 제왕절개를 할 경우, 산후 산모의 회복이 너무나 더디고

(그래서 비용이 많이 들고) 몸매 관리 등에도 굉장한 어려움이 많다는 경험자들의 후기는 무수하다. 문제는 이것이 '자연분만을 원한다면 평소에 운동을 열심히 하세요'라는 정보와 결합해서 기이한 생각을 완성한다는 것이다. 이를테면, "제왕절개 수술은 평소에 운동도 안 하다가 출산의 고통이 힘들까 봐 편하게 애 낳으려는 여자들이나 받는 거 아니야?"와 같은 편견에 찬 이야기들 말이다. 이와 비례하여 자연분만 역시 '별거 아닌 것'이 된다. 그러니 아무리 의사가 경고한다고 해도 '에이, 애는 누구나 다 낳는 건데, 왜 수술까지 하라는 거야?'라는 호기를 부릴 뿐이다. 나의 글은 이 오만함에 대한 반성이었다. 이 얼마나 기특하고 훈훈한 글인가! "분만실의 심리학 vs. 분만실의 사회학"이라는 제목의 글을 나는 블로그에 올렸고 인터넷 매체에 송고했다. 블로그에는 여러 댓글이 달렸고 그 내용들은 아주 일상적인 수준이었다.

간만에 컴퓨터에 접속했는데, 이렇게 웃길 수가! 저도 7개월째부터 노산이고 골반보다 아기가 크다고 수술 권유 받았어요. 그래도 꿋꿋이 자연분만하려고 하다가 결국 13시간 진통 끝에 '이제 기계로 끄집어내야 한다'고 해서 그때서야 수술했지요. 의사 말 진작 안 들은 거 엄청 후회했답니다.

─────── 남자를 모욕했으니 넌 죽어도 마땅해

가끔 자신을 '의사'라고 밝힌 분들이 수술의 당위성을 의학적인 관점이 아닌 사회학적 아집에 집착한 나를 질타했지만 분위기는 훈훈했다. 많은 여성들이 자신도 세상의 편견에 아파했다면서 내 아내를 위로했다. 어떤 이도 '스스로의 착오를 인정하고 글로 반성한' 나를 공격하지는 않았다. 모두가 사회학을 도구 삼아 '갑질'을 한 나를 비판했지만 내가 무슨 말을 하려는지 정확히 이해하고 있었다. 오히려 '나의 경험'을 발판 삼아 '한국 사회'에 대해 이야기했다. 내 글의 원래 목적을 달성한 것 같았다.

그런데 몇 시간이 지나, 나는 미국에 있는 지인으로부터 이상한 전화 한 통을 받았다. 친구는 다짜고짜 "너 괜찮아?"라는 말부터 했다. 나는 이 친구가 '아내의 건강'을 묻는 줄 알고 "지금 회복하고 있는 중이야"라고 답했다. 그러자 상대는 "아니, 제수씨 말고 너 말이야! 너! 지금 난리 났잖아! 댓글 안 봤어?"라면서 흥분하기 시작한다. 전화를 끊고 이게 무슨 영문인가 하고 나는 컴퓨터를 켰다. 내 블로그에는 별 특이한 내용이 없었다. 그래서 인터넷 매체에 송고한 글의 댓글을 살펴봤다. 헉! 강렬한 댓글 하나가 눈에 들어온다.

나도 사랑하는 아내와 두 아이가 있지만, 기사 읽는 내내 혹시나 했던 글귀가 맨 마지막에 달렸더군. 너 씨발 지금 낚시하냐? 여자들 출산의 고통은 내 아내도 심하게 겪었기 때문에 이해는 한다만, 이 개만도 못한 놈아. 어디 군 생활이랑 이틀의 출산이랑 비교하냐? 씨바 너처럼 편하게 군 생활 한 것처럼 여자들도 편하게 자연분만하는 사람도 많아. 힘들게 출산하는 것 수십 배 이상 고통스러운 군 생활을 보낸 사람이 이 시대에는 훨씬 많다는 걸 기억해라. 이 모자란 새끼야.

'너 씨발 낚시하냐'……아……도대체 이게 무슨 말이지? 생뚱맞게 갑자기 군대 얘기가 왜 나오지? 의문은 금세 풀렸다. 글이 인터넷 매체로 넘어가면서 제목이 "분만실 40시간 체험, 군대보다 더 무서워"라고 바뀌었던 것이다. 제목에 포함된, '군대' 그리고 이것이 출산과 비교되는 조합은 한국 사회에서 남자들의 흥분을 자동적으로 일으키는 것 아닌가. 나는 어이가 없었다. 왜냐하면 '군대'와 '출산'을 비교하기 위해 이 글을 쓴 것이 아니기 때문이다.

더군다나 글에서 '군대'라는 말은 등장하지도 않고 '군 생활'이라는 말만 딱 한 번 언급된다. 그것도 마지막 문장에서 스쳐 지나가듯이 등장한다. '어쨌든 세상의 모든 엄마들! 정말 대단하다. 비록 간접적으로 경험한 분만실 40시간이었지만 남자들이 흔히 핏대 세우는 '26개월'(내 경우)의 '군 생활'은 실로 장난이었다.'

이게 전부였다. 하지만 이 글은 (리베카 솔닛의 표현을 빌리자면) "사람들의 심금을 건드렸다. 신경도 건드렸다."[주3] 그리고 나는 별안간 페미니스트가 되어 있었다. 내가 쓴 글의 의도는 간단했다. 일차적으로는 그만큼 아내의 출산 고통에 존경을 표한다는 뜻이었고, 다음으로 흔히들 '군대 생활'을 빌미 삼아 여성들의 출산·육아에 대한 사회적 관심을 애써 무시하는 짓이 얼마나 무의미한지를 말하고 싶었을 뿐이다. 그것도 논의의 핵심으로서가 아니라 곁가지로 말이다.

하지만 난리가 났다. '자극적인 제목'의 글을 포털 사이트들이 내버려둘 리 없었다. 모든 포털에서 이 글을 '메인 화면'에 노출시켰다. 댓글은 '융단폭격' 그 자체였다. 가끔 '글쓴이가 마지막에 남긴 문장은 대한민국 남자로서 태어나서 국방의 의무를 성실히 수행한 모든 이를 모욕했다고 느껴집니다'라는 온순한 글도 있었지만, 모든 댓글이 이런 전제에서 나아가 '남자를 모욕했으니 넌 죽어도 마땅해'라는 일종의 명예 살인(honor killing)[주4]을 하고 있었다. 한국 사회에서 출산과 군대를 비교한다는 건 그것이 '별 의미가 없다 할지라도' 대역죄였다. 아니, '별 의미도 없이' 비교를 했기에 더 화를 냈다. 누가 어떤 식으로든 군대를 '낮게' 평가하는 뉘앙스를 풍기면 능지처참을 면치 못하리라. 그 댓글만으로도 책 한 권 분량이지만, 몇 가지만 간추려본다. 물론 1퍼센트의 수정도 하지 않았다.

2년이랑 40시간이랑 같나. ㅋㅋㅋㅋㅋㅋㅋㅋㅋ 군대는 안 갔나 보구나.

분만실의 40시간이 군대의 2년보다 더 무서웠다니, 어떤 분만실에 가셨고 어떤 군대를 나오셨기에 그러시는지. 가스실의 5분이 제일 무서운 것 아닌가.

여자들 애 낳는 게 더 힘들다고 생각되면 군대 다녀오면 되겠네.

진짜 마취 안 하고 몸을 40시간 동안 고문한다고 해도 좋다. 2년간 지옥에서 살 바엔.

군대는 24개월 조금씩 줄고 있지만 아직은 거의 2년 동안 하고요. 출산은 10개월에서 4개월 봐줄 테니 아이 두 명씩 낳으세요. 그럼 아무 말 안 할게요. 모든 여성이 아이를 두 명씩 낳으면 이 문제에 대해서 말 안 할게요. 그럼 된 거요?

기자는 군대 생활 널널하게 했나 봐. 군대가 더 무섭지, 바보야. 지금 전쟁이 안 나서 그렇지, 너가 GOP 가서 철책선 지뢰 수색해봐. 다리 하나 날아간다. 지뢰 밟아보면 정신 들겠지?

군대도 안 갔다 온 사람 같고. 분만실이 무섭다니 유령의 집 가면

울고불고 바지에 똥 쌀 사람일세.

공익 갔다 온 듯.

군대 갔다 왔나? 또라이 같은 새끼. 아니면 면제든가, 여자든가.

자연분만에 비하면 군대는 장난이니까 한 번 더 다녀와. 여러분들 이런 병신 같은 기자 군대 한 번 더 보내기 운동이라도 추진하죠.

한국 사회에 사는 사람이라면 누구나 한 번쯤은 봤을 댓글들이다. 남녀 간의 전형적인 논쟁이기도 한데, 이것이 실제 그런 뜻과 전혀 상관없는 글의 '짧은 문장' 하나만으로도 촉발될 수 있다는 것이 나에게는 신기한 일이었다. 누구는 '왜 당신이 그런 군더더기 문장을 집어넣어서 부스럼을 만들었느냐'고 하지만, 군더더기에 '불'이 붙었으니 그게 더 놀라운 일 아닌가. 더구나 '내'가 그렇게 느꼈다는데 도대체 무엇이 문제인가. 다른 이들은 군대를 그렇게 느끼지 않으니, 나는 군대에 대해서 내가 느낀 바를 표현할 자유가 없다는 말인가? 백번 양보를 한다고 해도, 이토록 사람을 조롱할 권리가 누구에게 있다는 말인가? 그런데 '많은 남성들이', 그 스쳐 지나가는 한 줄에 이토록 흥분할 수 있다니 놀라운 일이다. 제목이 '저렇다고' 내용은 읽어보지도 않은 채 스크롤

바를 내려서 '저런 댓글들'을 다는 그 '행위'는 도대체 어떻게 설명할 수 있을까?

──── 한국에서 살다 보면 '그런 남자'가 된다

유독 내 기사에만 그런 댓글이 달리는 것이 아니라 광범위하게 벌어지는 현상이니 이것은 한국 남성의 일반적인 반응이라는 가능성이 다분하다. 2014년 8월 공지영 작가가 '나는 정말 궁금하다. 국방 장관하고 육군 참모총장은 군대 다녀왔을까?'라는 트윗을 올린 적이 있다. 당시 군에서는 내무반에서 선임들의 집단구타로 사망한 윤 일병 사건과 집단 왕따를 당해온 임 병장의 총기 난사 사건이 일어난 때였다. 당연히 군에 대한 사회적 불신이 대단했다. 그래서 '참으면 윤 일병, 못 참으면 임 병장'이라는 말까지 나돌았다. 대부분의 폭력은 일반 병사들의 세계에서 발생했으니 '선택이 아닌 강제로 군대에 가야 하는 사람들' 그리고 '보내야 하는 부모들'의 근심은 고스란히 이런 문제를 제대로 해결하지 못하고 있는 고위 간부들을 향했다.

실제 군 생활을 해본 사람들은 '직업군인' 간부들이 병사들의 삶을 잘 이해하지 못하는 아이러니한 상황을 일상적으로 목격하게 된다. '서는 데가 달라지면 보는 풍경이 다르기'[주5] 때문 아니겠는가. 그래서 '국방 장관', '참모총장'이라는 사람들이 군대의 현실을 과연 제대로 알고 있는지에 대한 비난이 많을 수밖에 없다. 공 작가는 당연히 이 연장선에서 이야기한 것이다. 쉽게 말해 "씨발! 윗대가리들!" 아닌가. 이는 군에 대한 단순한 빈정거림이 아니라 '얼마나 못났으면' 국방 장관, 참모총장보고 '너희들 군대는 다녀왔니?'라고 물을까? 이렇게 이해하는 것이 당연하다.

하지만 공 작가는 (나보다 훨씬 심한) '폭격'을 맞았다. 폭격의 이유는 '직업이 군인인 사람에게 이상한 소리를' 했다는 것이지만 정확히는 그것을 '여자', 그중에서도 평소 페미니즘의 가치를 문학작품 내에서 자주 보여준 '공지영'이라는 여자가 말했기 때문이다. 후자라는 변수가 아니었다면 공 작가의 트윗이 '정말로 군대 생활을 했는지에 대한 사실관계'를 묻는 것이 아니라는 것쯤은 누구나 알았을 것이다. 이처럼 "여성이라는 기표에 대한 반응은 즉각적이고 신속하다."주6

이 과감한 무지가 가능한 남자들은 '군대에 다녀왔으면' 그렇게 생각할 리 없다는 전제를 깔고 있다. '동일한' 경험을 한 사람들이 모두 같은 정서로 '규격화'되어 있을 거라는 놀라운 생각이야말로, '단편화된 남성 사고'의 전형 아니겠는가. 집단의 생각이 자신과 다르지 않을 것이라고 믿는 이들은 '나만 그렇게 생각하는 것이 아니다'라는 논리를 앞세워 표현의 수위를 높인다. 당연히 이와 비례하여 이야기의 '수준'은 떨어진다. 그 진흙탕의 오

물을 뒤집어쓰는 순간, '군 복무가 징병제가 아니었다면' 대한민국 남자들은 어떻게 살까 하는 의문이 들 정도다. 이들은 겉으로는 "군 생활이 얼마나 좆같은 줄 아느냐!"고 외치지만, 이것이 전쟁 없는 세상을 원한다는 고상한 철학 때문에 등장한 것이 아니라는 것은 본인들이 더 잘 안다. 이 방식은 '여자들을' 아래로 밀어내려는 이 사회의 반복적인 레토릭에 불과하고 남자들은 그걸 배웠을 뿐이다. 남자들은 이 이론을 일상생활에서 가장 효과적으로 적용할 수 있다는 것을 '자라면서' 무수히 경험한다. '태초에 그런 남자가 존재했다'가 아니라 한국에서 살다 보면 어느새 '그런 남자'가 된다. 내가 직접 '그런 남자들'과 사이버공간에서 마주한 날은 참으로 신선(?)했다. 악플이 나를 춤추게 했기 때문일까? 나는 '남자들의 세계'를 슬슬 톺아보기 시작했다.

군대 다녀오길
정말 잘했구나

세계경제포럼(WEF)의 '세계 성 격차 보고서 2015'를 보면 한국은 성 평등 지수 0.651이며(남성에 비해 여성은 65퍼센트 수준의 경제적 보상, 정치적 권한을 누린다는 의미) 이는 145개국 중 115위에 해당된다. 이웃 나라 중국은 91위, 일본은 101위였다. 한국보다 '도토리 키 재기 수준이지만' 어쨌든 순위가 낮은 나라는 2015년에야 여성참정권이 부여된, 여전히 여성에게 운전면허를 발급하지 않는 사우디아라비아(134위), 여자가 남자 배구 시합을 관람했다고 구속되는 이란(141위) 정도가 있다. 한국은 경제활동 참여와 기회 순위가 125위로 가장 낮았고 교육 분야는 102위, 정치 권한은 101위였다. 한국은 비슷한 일을 해도 여성이 남성의 55퍼센트 수준의 임금을 받아서 노동 분야에서도 꼴찌 수준이다. 전체 순위가 지난 2010년에는 104위, 2014년에는 117위였으니 한국은 매우 일관되게 양성이 불평등한 상태다. 이 보고서에는 왜 '남자가 여자에 비해서 사회생활이 유리한지'가 적나라하게 드러나 있다. 우리가 보기에 '판타스틱'한 사회로 보이는 나라들의 성 평등 지수를 보자. 10위권 안에 있는 아이슬란드, 노르웨이, 스웨덴, 아일랜드 등은 성 평등 지수가 0.8 정도다. 즉, 우리보다 100등이나 앞선 '어떤 나라도' 양성이 평등한 곳이 없다. 그러니 이 조사에는 여자에게 차별은 숙명이라는 것이 전제되어 있다. 그만큼 자본주의 사회 안에서 구조적으로 남성은 여성보다 유리한 위치에 있는 셈이다. 그런데 이런 상황을 남자들에게 말하면 이렇게 반응하는 경우가 있다.

"거봐, 그러니까 양성평등은 불가능한 거야. 별수 있어?"

괜히 115위가 아니다. 아니, 115위도 기적 같다. 각설하고, 이는 군대에서 시간을 낭비해서 억울하다는 남자들이 실제로는 투자 시간 대비 훨씬 높은 이익을 실생활에서 누리고 있다는 사실을 나타내기도 한다. 남자들은 '2년을 낭비했다는 이유'만으로 늘 '우대'의 대상이 된다(그러니 '115위'가 가능하다).

———— 군대에서 배운 대로만 하면 돼

젊을 때 '눈 딱 감고' 2년만 참으면 평생을 '대한민국 남자'로서 프리미엄을 누리게 된다는 말이다. 군대에서 적응 잘한 사람은 대한민국의 일상에도 무난히 적응할 수 있다. 그냥, '대한민국은 군대다'.^{주7} 그러니 싫든 좋든 군대를 다녀와야 하는 남자들은 사회생활이 여러모로 여자들에 비해 유리하다. 물론 이것은 남자 개인의 잘못은 아니지만, 사회 구성원으로서 살아가는 사람이라면 (남자든 여자든) 이 같은 구조를 개선하기 위해 노력하는 것이 마땅하다.

사실 대부분의 남자들이 군 생활 말년에 주로 하는 일은 자신에게 배어 있는 '군인의 향기'를 지우는 일이다. 간부들에게도 흐느적거리고, 또 후임에게도 '힘 빠진' 말년 병장의 모습으로 다가가 격의 없는 농담도 주고받는다. 군대에서 강요되는 엄격한 상하 관계가 필요 없는 민간인 생활이 얼마 남지 않았는데 당연히 느슨해져야 하지 않겠는가. 기상부터 취침까지를 지배하는 '시간에 대한 구속'도 한결 부드러워진다. 남들보다 늦게 일어나고 남들 일할 때 잔다. 그렇게 한다고 딱히 뭐라 하는 사람도 없다. 군에서 소지하면 안 되는 물건들도 이미 다 구비한 상태고 머리도 제법 길다. 그렇게 옷만 군복을 입었을 뿐이지, 이제 '군의 땟물을 벗고 사회생활을 하기에' 매우 적합한 상태로 거듭난다. 드디어 전역하는 날 아침이다. 이날만큼은 기상나팔 소리가 울리기도 전에 일어나는 기염을 토하시고 위병소를 지나쳐 나온다. "이쪽을 쳐다보고 오줌도 안 눌 것이다!"라고 외치면서.

그런데 막상 제대를 해보면 말년에 자신이 '노력했던'(?) 그 '탈'(脫)군대스러움이 부질없었음을 알게 된다. 아무도 그런 '뺀질뺀질한 민간인 모드'를 원하지 않기 때문이다. 사람들은 여전히 군대를 다녀온 남자들에게 '그 공간에서 가능했던 소통 방식'인 위에서 떨어지는 명령에 복종하고, 아래로도 역시 단호하게 명령을 내리는 모습을 원한다. 그렇게만 하면 "사회생활 참 잘한다", "일 좀 할 줄 아는 녀석"이라는 칭찬을 들을 수 있는 것이 우리 사회다.

많은 남자들이 처음에는 '씨발 여기가 군대도 아닌데 왜 이래?'라는 의구심을 가졌지만 금방 익숙해졌다. 손해 보는 장사가 아니니까. 남자들은 그저 '군대에서 배운 대로'만 하면 '카리스마 있는 인물'이 될 수 있었다. 군대에서 생활할 때는 그곳이 '도무지 사람 살 곳이 아니라서' 그토록 짜증을 냈건만, 제대를 하고 나니 "군대 갔다 오니 사람 되었네"라는 소리를 듣는 역설이란 참……

─── 자네, 군대는 갔다 왔나?

내 수업을 들었던 한 학생 A의 고백이다. A는 남자 교수님과 장학금 관련 상담을 할 기회가 있었다. 교수마다 지도 학생이 의무적으로 배정되는데 이 중 교수가 몇 명을 선택해서 장학금을 주는 시스템이었다. A는 '어색하게' 교수님과 마주 앉았고 왜 자신이 장학금을 받아야 하는지를 논리와 감성을 이용해 호소하기 위해 고민 중이었다. 그런데 교수님의 첫마디는 생뚱맞게도 "자네, 군대는 갔다 왔나?"였다. 그래서 A는 "예~ 다녀왔습니다!"라고 묵직하고 단호하게 답을 하면서도 그 찰나에 '이 분위기'가 무엇인지를 감지했다. 자연스럽게, "중부 전선 철책에서 육군 병장으로 만기제대했습니다"라고 '묻지도 않은 말'에 답변을 이어갔다.

　그 순간, '어색함'은 '화기애애함'으로 변했다. 대화는 말 그대로 물 흐르듯이 이어졌다. 교수는 자신이 어디에서 근무했다면서 "그때 진짜 추웠는데……"라면서 추억에 빠지더니, 결론은 "남자는 군대를 갔다 와야 사람이 되지"라는 익숙한 멘트로 마무리했다. A는 '군대 가기 전에도 분명 사람이었다'고 반론을 제기할 수도 있었지만 그러지 않았다. 오히려 "네. 저도 그런 것 같았습니다. 가기 전에 비해서 진짜 남자가 되었다고 생각합니다"라면서 교수의 질문에 화답했다. 그 순간 A는 '진짜 남자'가 뭔지 고민하게 되었다. 군대에서 '음경 확대 수술'이라도 해주었던가? 자신은 군대 가기 전이나, 후나 그냥 '남자 사람'일 뿐인데 말이다. CBS 의 변상욱 대기자는 이렇게 말한다.

"만약에 자기 한계를 넘어서는 혹독한 군사훈련이나 외부로부 터 격리된 집단 수용생활이 인간을 절제와 협동심, 인내심, 자기 성찰로 이끄는 효과가 뛰어나다면 남성 대부분이 군 복무를 한 우리나라는 품격 있는 신사로 가득 찼어야 한다."주8

누가 이 말을 부인하겠는가. 온갖 나쁜 것에 대한 'OECD 1위', 각종 좋은 것에 대한 'OECD 꼴찌 수준'이라는 사실은 이제 별로 놀랍지도 않다. 웹툰이 원작인 드라마 〈송곳〉을 보면 대형 마트 의 프랑스인 점장은 한국 사회를 이렇게 일갈한다. "한국인은 노 조를 만들 자격이 없다. 한국인들은 뒤로 거래를 하고 공무원에 게 뇌물을 먹인다." 사회적 합의로 만들어놓은 '룰'을 따르지 않 는 이 '코리안 스타일'을 만든 사람이 누구인가? 바로 '군대 갔다 와' 진짜 남자가 되었다는 사람들 아닌가?

내 친구 B가 자신의 장인어른을 처음 만난 날의 에피소드도 굉장히 '한국적'이다. 장인어른 앞에서 좌불안석인 예비 사위는 자칫 실수라도 하면 어쩌나 하면서 연신 식은땀을 닦느라 정신 이 없었다. 그런데 장인어른께서 "군대는 다녀왔나?"라고 물어보 시는 게 아닌가. B가 26개월 현역 복무에 대한 증명을 마무리하 자 역시나 분위기는 '좋아'(?)진다. 게다가 대세를 결정짓는 사실

하나가 드러난다. 장인어른이 B와 같은 사단 출신이었던 것이다. 그와 동시에 양주 한 병이 더 등장했고 결혼 승낙은 '이미' 과거형이 되어버렸다. 장인어른은 딸에게도 술잔을 권하며 한마디 한다.

"내 평소 군대 안 간 사람하고는 연애하지 말라고 신신당부했는데, 아버지 기대를 저버리지 않았구나. 정말 고맙다." B는 그때서야 생각했다. '아……군대 다녀오길 정말 잘했구나…….'

——— 군 복무에 대한 언행 불일치

이처럼 투자 대비 효과가 엄청난 '남자의 군 복무'를 생각해보면, 남자들이 '군 가산점' 논쟁에서 거품을 무는 것이 참으로 우습다. 공무원 채용 과정에서 군 복무에 따른 가산점을 주는 이 제도는 15년 전에 이미 '위헌' 판정이 났지만 여전히 '사기 진작'을 위해 추진해야 한다는 주장들이 제기되고 있고 이때마다 논쟁은 진흙탕이다. 군 복무 가산점은 그 취지가 무엇이든 '궁극적으로' 민주주의적 경쟁에 어긋나는 것이기 때문에 '위헌'이고 군 복무에 대한 보상은 '더 많은' 장병들이 실질적인 혜택을 받고 동시에 다른 이에게 불이익을 주지 않는 방법으로 이루어져야 한다고 누차 강조해도 남자들은 한결같이 "군 생활이 얼마나 좆같은데!"만 반복한다. 그렇게 억울함을 강조해야지만 '보상의 정당성'을 얻을 수 있다고 믿는 모양이다. 그런데 누가 억울해하고 있단 말인가? 교수님과의 소통을 가능케 하고 장인어른께 한걸음 더 다가갈 수 있게 해준 군 복무 아니었던가. 단지 군대를 다녀왔다는 이유만으로 '조장'으로 선출되고 그래서 '리더십'을 배우고 이를 꼭 '자기소개서'에 작성하는 특혜를 입은 자는 '남자' 아니었던가? 자나 깨나 '군대에서 많은 것을 배웠다!'는 말을 입에 달고 살면서 왜 갑자기 "억울하다! 무엇인가 보상해달라!"고 외치는가? 이런 '언행 불일치'야말로 '군대 다녀온 남자라면' 절대로 하지 않는 행동이라고 스스로들 말하고 다니지 않았던가? '희생정신이 있어서 좋다!'는 주변의 평가에 히죽거리면서 왜 '군 복무 자체를 선택할 수 없어서' 그래서 가산점을 부여받을 수 없는 누군가를 희생시키는 것을 '정당하다'고 하는가?

우리는 복종에
찬성합니다

'당당함'이라는 것은 사람에게 필요한 것이겠지만 과하면 문제를
일으킨다. 마치 '필요는 하지만 과해서는 안 되는' 콜레스테롤처
럼 말이다. 주체할 수 없이 커져버린 당당함은 논리력이 혈관 안
을 통과하는 것을 막아버린다. 그래서 이성적 논의가 마비되면,
마치 사람이 뇌출혈을 일으키듯이 돌이킬 수 없는 사태가 벌어
진다.[주9] 이 상황에까지 이르면 그때의 당당함은 '객기'라고 불러
야 마땅하다. '카리스마', '리더십' 같은 말들이 난무하고 "남자라
면 그래야지"라는 조언이 일상적인 곳에서는 '당당함'이 사람의
능력으로 대체되기도 한다. 즉, 당당함이 개성이나 캐릭터로 통
용되는 것이 아니라, 그것의 유무에 따라 삶의 질이 달라진다는

것이다.

그러니 '당당한 것이 미덕'이라는 인식이 팽배해지면 그와 함께 어떤 사안을 논리적으로 따져봐야 할 때조차 "뭘 그런 걸 세세하게 따지고 앉아 있어!"라는 냉소적인 반응이 대세가 되어버린다.

물론 태어날 때부터 당당함을 담보하는 유전자를 타고난 경우는 없다. 이것은 철저히 사회 경험을 통해 후천적으로 학습된다. 가령 어떤 이가 스스로 께름칙한 행동을 했다고 생각했는데 오히려 사람들로부터 '잘했다'고 인정받게 되면 '께름칙한 행동'이 '당당한 행동'으로 뒤바뀌는 역설이 발생한다. 비록 스스로 생각하기에 자신의 행동이 비합리적이어도 주변에서 이것을 합리적이라고 승인해주면 그때부터는 문제 될 것이 없다. 그리고 그 순간부터는 '비상식적인 것을 문제 삼는' 행위가 오히려 '비상식'이 되어버린다.

─── 인간은 누구나 악해질 수 있다

인간이 특정한 상황에 직면하면 누구나 '악해질 수 있음'을 증명한 필립 짐바르도 교수의 '스탠퍼드 감옥 실험'에서도 이런 '주변의 힘'이 잘 나타난다.(더 자세한 내용은 113p 참조)[주10] 지원자를 간수와 죄수 역할로 구분한 후 어떻게 행동하는지를 살펴본 실험에서 간수들은 죄수들이 말을 안 듣고 단체로 항의를 하자 어떻게든 제압하기 위해 죄수들에게 소화기를 뿌리고 죄수복을 벗기는 등 강압적인 방법을 사용한다. 그리고 '이런 식으로 해도 되는 거야?'라면서 자신들의 비상식적인 제압 방식이 규정에 위반된 것이 아닌지를 걱정한다. 이때 실험을 주최한 쪽의 '위엄 있는' 전문가가 등장해서 한 마디 한다.

"여러분의 질서 회복 능력을 높이 평가합니다!"

어라? 혼날 줄 알았는데 예상도 못한 독려를 받다니 이게 웬일인가. 그러자 간수들의 행동은 거침이 없어진다. 그럴수록 칭찬을 받으니 당연한 결과다. 필립 짐바르도 교수와 쌍벽을 이루는 스탠리 밀그램의 '권위에 대한 복종' 실험에서도 마찬가지의 변수가 등장한다. 피험자는 다른 방에 있는 학습자에게 문제를 출제한다. 그리고 틀릴 때마다, 전기충격을 가한다(물론, 전기충격은 가짜고 학습자는 연기자다). 전기충격은 15v부터 시작해서 450v까지 가능하다. 전문가들을 상대로 한 사전 설문 조사를 실시해보니 '대부분의 참가자들이 150v 정도에서 그만둘 것이다'라는 결과가 나왔다. 하지만 실제 실험에서는 무려 65퍼센트가 450v 버튼을 누른다. 그리고 아무도 300v가 되기 전에 멈추지 않았다. 이유는 간단했다. 밀그램은 피험자들이 '거부 의사'를 밝힐 때마다 하얀색 가운을 입은 '권위 있는' 사람이 끊임없이 "You must continue!"라고 단호하게 말하도록 했다. 'must'라는 어휘가 풍기는 '해야만 한다'(=하지 않으면 안 된다)는 의무와 강제의 뉘앙스가 일순간에 사람을 통제하기 때문이다.

——— 군대니까 폭력은 어쩔 수 없다?

실험의 함의를 우리 사회의 문제로 가져와보자. '상식적'인 사회 안에서는 개인의 '당당함'도 공공의 선을 넘어서는 안 되는 것이 마땅하다. 하지만 개인이 그 경계선에 있을 때마다, "너 겁쟁이야? 남자답게 좀 해봐!"라고 말하면 이것은 또 다른 개인에 대한 폭력으로 이어지기 십상이다. 누군가가 '미쳐 날뛰도록' 하지 않기 위한 일종의 제어장치인 '주변 역할'이 전혀 엉뚱하게 작동하고 있다는 것이다.

어쩔 수 없이 좁은 시야 안에서 살 수밖에 없는 개인들은 실수를 할 수 있다. 문제는 사회의 반응이다. 정상적인 사회라면 이때 '그것은 명백한 잘못이다'라고 말해주면서 실수를 재발하지 않도록 제재를 가한다. 그래서 '법'이 존재하는 것이며 이 법의 가치에 따라 사회의 여러 장치들, 이를테면 학교교육, 언론 등이 그 기능을 수행해야 함이 마땅하다.

군대에서 이루어지는 온갖 폭력들이 그 사안의 심각성에 비해

'나아지고 있다'는 징조가 보이지 않는 이유 역시 마찬가지이다. 아무리 군대라도 폭력이 있다는 걸 알고도 넘어갈까 싶지만, '한국의 군대'에서는 그런 것 같다.

당연히 해결될 문제가 좀처럼 뿌리 뽑히지 않는 이유는 '명백한 잘못'을 주변에서 '용인'해주기 때문이다. 그래서 군대 내 폭력 문제는 '애초에 폭력적 성질을 타고난' 아무개의 성격 파탄이 문제가 아니라 이를 막지 못한 '구조'에 그 책임을 물어야 마땅하다. 한국의 군대는 폭력의 싹을 자르는 역할을 전혀 하지 않는다. 그래서 처음엔 미약했던 수준의 폭력이 "남자답다", "후임들 관리 잘한다", "군대 체질이네" 등의 이상한 당위와 결합하면서 그 수위를 높여간다. 그런데 여기서 '한국의 군대'라는 것은 단순히 지금 현재의 군 집단을 의미하지 않는다. 군대와 관련된, 그러니까 군대를 '다녀온' 거의 대다수의 남성들이 여기에 포함된다. 이들이 만들어놓은 '군대에서는 어쩔 수 없다'는 식의 여론은 군대에서 등장한 폭력이 엄청난 파장을 동반한 사회적 논쟁거리가 되는 것을 방해한다. 그래서 여론이 늘 금방 식는다.

해병대에서 총기 난사, 혹은 자살 및 폭력 사건이 터지면 꼭 그 배후(?)로 '기수열외'가 거론된다. 기수열외가 무엇인지 궁금해하는 사람도 있겠으나 굳이 설명이 필요한 것은 아니다. 이건 그냥 '왕따'다. 그것도 매우 '조직적인', 그래서 사람에 대한 멸시와 조롱이 물 흐르듯이 흘러가는 그런 악질적인 왕따 말이다. 내무실의 왕고참이 누구를 지목하면 그 사람은 그때부터 유령 인간이 되고 후임에게 고참 대우는커녕 온갖 수모의 표적이 된다. 유령을 넘어 쓰레기 취급을 받는 셈이다. 이런 폭력은 해병대만의 전유물도 아니다. 이것이 바로 군대 폭력의 최근 트렌드이다. 정의당 국방개혁단장을 맡고 있는 김종대 국회의원의 말이다.

> 과거에 입대 동기가 군 생활 할 때 조직에 잘 적응하지 못하는 '고문관'일 경우, 하급자가 무시하면 고문관 편을 들었다. 그러나 지금은 바뀌었다. 후임에게 조직 부적응자를 처벌하라고 알려준다. (……) 군대 폭력의 본질 자체가 달라졌다. 사실 이 대목이 가장 충격적이다. 과거엔 고참이 후임 여럿을 세워놓고 차례로 때렸다. 그렇게 해서 고참의 위신을 세웠다. 지금은 고참 여럿이 후임 한 명을 때린다. 때리는 행위에서 선임자로서의 권위는 관심 없고 가장 약한 고리에 대한 집단의 처벌이 집중된다. 지난해 세상을 떠들썩하게 했던 윤아무개 일병 사건이 그렇다. 사망한 윤 일병은 자대 배치 37일 가운데 35일을 맞으면서 보냈다. 고참 여섯이 윤 일병 폭행에 가담했다.주11

과거의 폭력이 양심적이었다는 말이 아니다. 그때보다 훨씬 더 악랄해졌다는 것이다. 폭력이 즉각적으로 제어되지 않는다면, 혹은 발생했더라도 합리적으로 처벌되지 않는다면, 나아가 시간이 지나서 이를 '향수'의 차원에서 긍정해버린다면 처음의 폭력은 '그 이상의 폭력'으로 진화한다. 이는 찬반의 성질로 구분되어 토론할 테마가 아니다. 그냥 '있는 것 자체'가 사회적 상식에 어긋난다. 군대가 사회보다 '위'에 있는 개념이 아닌 이상 이는 지탄받아야 마땅하며 의심할 여지없이 앞으로 사라져야 할 풍토다.

하지만 ('역시나'로 바꿔 말해도 전혀 이상하지 않지만) 한국에서는 '인간이라면 당연히 문제의식을 느껴야 하는' 걸 누가 애써 말해도 별 소용이 없다. 오히려 '오래된' 전통 운운한다. 그 전통이 '폭력적'이어서 문제라고 말하면 '전통적'이니 대수롭지 않다고 답한다. 조직 전체가 '우린 바보요!' 하고 세상에 소리치는 것과 무엇이 다르겠는가. 누가 송곳으로 기존의 관념을 '찌르면' 그 질문이 무엇을 의미하는지를 생각하는 훈련을 받은 적이 없는 사회답다. 오히려 송곳이 되지 않을수록, 혹은 등장한 송곳을 노골적으로 무시할수록 '사회생활 잘한다'는 소리를 듣는 곳 아닌가. 특히 남자가.

──── 감히 너희가 군대를 아느냐?

그러니 군대 폭력의 문제는 늘 반복된다. 군대 '내'에서 이슈가 터져도 군대 '밖' 사회는 이에 대해 논쟁으로만 시간을 소모하기 때문이다.

'논쟁할 가치조차 없는' 비상식에 대해 '논쟁'하는 건 체력적으로도 굉장히 힘들다. 그냥 잘못된 것이니 앞으로 '없애는 방안을 고민하면' 되는데 꼭 찬반으로 의견이 갈라지고 '한쪽의 입장만을 주장하지 말라!', '생각이 다를 수 있다!'는 이상한 자유+민주주의 논리가 등장한다. 폭력을 '몰라서' 지나치는 것도 문제가 되는데, '알면서도' 그냥 지나치겠다는 이 사회의 직무유기를 어떻게 이해해야 할까? 해병대 기수열외에 대한 비판이 일자 여지없이 등장한 주장 중 하나는 "해병대가 어떤 일을 하는지 감히 너희들이 아느냐!"였다. 전우애가 남다르기로 소문이 자자한 '해병대 복무자들'이 이런 여론의 시작점이지만 한국 사회가 늘 그렇듯이 이런 논의는 자연스럽게 '군대도 안 가본 사람들이 팔자 좋은 소리 하고 있네'라 주장하는 진영이 형성되면서 어느 순간, 다수의 '군대 다녀온' 남자들이 한쪽을 거들어주는 형태를 보이게 된다. 폭력을 다르게 이해해야 한다는 해병대의 특수성은 자연스레 일반 군대의 특수성과 결합되면서 '보편적인 것'으로 승인된다. 그래서 '군대'라는 곳에서는 사회적 기준으로 폭력을 정의하기 어렵다는 주장이 제기된다. 이른바 사회 '위'에 군대 있는 세상인 셈이다.

예전에 이 문제와 관련된 토론회에 참여한 적이 있었다. 군대라고 어떻게 사회적 상식에서 벗어난 일을 허용할 수 있느냐에 대해 한참 따지던 나에게 상대 패널은 생뚱맞게 "군대 어디 다녀오셨어요?"라는 질문을 던진다. 내가 한 치의 망설임도 없이 '육군 행정병 출신'이라고 하니 그는 자신도 모르게 피식 웃는다. 그 웃음에는 '행정병'에 대한 조롱과 멸시의 기운이 흠뻑 배어 있었다. 그러면서 무슨 장황한 말들을 하는데 핵심은 "해병대에 가보지 않은 사람은 그 누구도 조직 내부에 대해 알 수 없다", "외부에서 잘 모르면서 자꾸 논하지 말라"는 것이었다.

그 사람은 토론 내내 자신이 해병대 ○○○기임을 수차례 강조했다. 어쩌란 말인가. 사실 그 사람 스스로 정답을 말했다. 해병대가 아니면 해병대를 말하는 것을 인정하지 않는, 즉 해병대에 대한 외부의 평가 작업을 원천적으로 차단시키자 '사소한 실수'가 '악습'으로 진화했다. 자신들은 이를 '문화'라는 이름으로 은폐하고 있지만 백번을 생각해도 그것은 '사회적 가치'에 어긋나는 '멸균'의 대상일 뿐이다. 자기들끼리는 그것이 자꾸만 '필요한 것'이라면서, 누구든 해병대 생활을 해보면 어쩔 수 없는 것이라고 하지만 "알이 곯았는지 아닌지를 알기 위해 일부러 닭이 되어 알을 낳아볼 필요는 없다!"[주12]

군에서 이루어지는 여러 비상식적 에피소드들은 이와 마찬가지 반응들을 보인다. 한국에서 "여자들은 군대를 안 갔다 오니 알 턱이 없지", "여자는 군대를 모르니까 저런 소리를 하지"와 같은 말들을 듣는 건 일상이다. 심지어 남자인 내가 군대를 비판해도 마찬가지이다. 처음에는 "군대 안 다녀오셨어요?"라고 묻는다. 이 때 나로부터 '26개월 복무 완료'라는 답변을 들으면 "군대도 다녀왔으면서 왜 그렇게 생각하세요?"라고 반문한다. 이성이 마비된 질문의 대표적 사례다. 군대를 다녀왔으면 말 그대로 '민간인' 신분이다. 즉 군대라는 조직을 '군대의 입장'에서 대변하는 것이 아니라 외부 평가원이 되어 감시해야 함이 마땅하다. 그것이 시민의 본모습이다. 하지만 한국 남자들은 시민의 역할에 대한 '직무유기'를 범하고도 당당하다. 그 당당함은 어느 한곳의 폭력을 '당당하게' 정당화시키고 말았다.

─── 군대니까 어쩔 수 없다?

군대 폭력이 여전한 것은 이제는 학교 현장에서 많이 사라진 '체벌'의 맥락과 비교해서 이해할 만하다. 아직 여러 형태로 존재는 하고 있지만 과거에 비해서 체벌은 객관적으로 줄었다. 이는 '학교 현장 안에서 체벌은 어쩔 수 없다'는 논리에 여러 학교 '밖' 사람들이 "그게 말이 되는 소리인가?"와 같은 문제 제기를 끊임없이 했기에 가능했다. 처음에는 '교실이 어떤지 모르고 하는 소리다', '체벌이 사라지면 학교는 개판이 된다'와 같은 이야기만 반복하던 교사들이 많았지만 결국에는 체벌을 가하고 어떤 효과가 있다고 할지라도 '인권'이라는 맥락에 (아직 많이 미흡하지만) 더 큰 비중을 두기 시작했다. 교사가 학생들을 '때리는 권리'가 어찌 '누구나 맞지 않을 자유'보다 위에 있겠는가. 이는 '자신들만의 체벌 논리'를 더 이상 용인하지 않는 사회적 공기 앞에 교사 집단이 나름의 반응을 한 것이다. 사회는 더 이상 '사랑의 매'와 같은 형용모순의 어휘들을 수긍하지 않을 만큼 성숙해졌다. 그 달라진 기준으로 '스승의 그림자도 밟지 마라'는 권위적인 교권에도 과감히 도전할 수 있는 분위기가 형성되었다. 교사도 비록 시간은 걸렸지만 더 이상 체벌을 정당화할 논리가 없다는 걸 인정하고 변화된 세상의 이치를 받아들였다. 그 결과, 학생들을 슬리퍼로 때리고 주먹으로 때리고 성기를 주물럭거리던 폭력 교사들은 과거에 비해 사라졌다. 이제는 열 대 맞아도 '참았던' 아이들이 한 대만 맞아도 이를 '부당하다'고 말할 수 있게 되었다. 이건 '나약해진 것'이 아니라 스스로를 '인권의 영역'에서 배제시키지 않겠다는 의지의 표출이다. 폭력을 '참는' 학생이 아닌, 폭력을 '참지 않는' 용기 있는 사람이 교육 현장에서 탄생했으니 상을 줘야 하지 않겠는가.

하지만 군대 폭력 문제는 진퇴양난이다. 이를 문제 삼는 '외부 세력'이 미약하니 '내부'가 자성하는 수위 자체가 워낙 표피적이다. 그러니 어떤 처방을 내리든 별 효과가 없다. 문제가 해결되지 않는 곳에서는 '그게 군대야!', '군대니까 어쩔 수 없어'라는 체념이 만성화되고 이와 비례하여 '괴물'은 곳곳에서 태어난다. 물론 군대는 이런 괴물들을 잡아내지도 못한다. 사람이 죽어가도 군 '내부'는 감추기에만 급급하다. 온몸에 시퍼런 멍 자국이 있는 사람이 죽었는데 '만두 먹다 목에 걸렸다'는 가해자들의 증언만 듣고 질식사로 처리한다. 성기에 치약을 상습적으로 바른 가해자들에게 '사안이 경미하다'며 징계 조치만을 내린다. 이러니 악습은 반복된다. 믿는 구석이 있으니 당연한 거 아니겠는가. 그러니 어쩌다가 사회적 논란이 되는 것도 죄다 '외부' 인권단체에서 온갖 훼방을 무릅쓰고 언론에 가까스로 알렸기에 가능했을 뿐이다. 논란이 되면 군은 정신을 차릴까? 오히려 외부에 알려 일을 키웠다고 피해자를 협박하기 바쁘다. 아니면 아래와 같은 술수 쓰기 바쁘다.

가혹 행위로 정신이상 증세를 보이다 전역한 당일, 스스로 목숨을 끊은 이 모 상병에 대해 육군이 전역 당일에서 4분이 지난 뒤 사망 진단이 나왔다는 이유로 책임을 회피하려 한다는 논란이 일고 있다. 이 상병은 제2탄약창 경비중대 소속이던 7월 10일 군사재판을 통해 전역을 명받고 집에 돌아와 오후 10시 40분경 아파트 18층에서 투신했다. 가족과 헌병이 이 상병을 인근 병원으로 옮겼고, 약 1시간 20분 뒤인 11일 0시 4분, 의사는 이 상병에 대해 사망 진단을 내렸다. 육군은 "규정상 전역 당일 밤 12시까지 군인 신분이 유지되기 때문에 민간인 신분이 된 고인에 관할권이 없다"고 밝혔다. 이 상병은 군 복무 중 상습적인 구타 등 가혹 행위로 정신 질환까지 앓았던 것으로 알려졌다. 부대 내에서 불거진 문제가 자살로 이어진 정황이 충분한데도 군 당국이 진상 조사를 제대로 하지 않아 유족을 두 번 죽이고 있다는 비난이 쏟아진다.[주13]

정말 치사하다(이후 국가인권위원회의 권고에 따른 국방부 재조사가 진행되었고 이 상병의 죽음은 순직으로 인정된다. 사건이 발생한 지 1년 9개월 만이었다).

내가 배워야 할 건
군대에서 다 배웠다

신성한 국방 의무, 멸사봉공이란 큰 명분부터, 서슬 퍼런 일상의 규율에 이르기까지 군대라는 조직의 어쩔 수 없는 경직은, 그 자체가 웃음거리일 수 있다. 인간은 원래 그런 존재가 아니니 늘 원칙의 균열이 일어나기 마련이고, 그 사이의 불일치와 충돌이 웃음거리가 된다. 강고한 원칙과 명분으로 포장되어 있으나, 실상 그 속살은 자잘한 이득과 안락을 챙기기 위한 잔머리 굴리기와 술수들로 채워져 있다.주14

——— "이런 곳이 '× 같은 곳' 아니면 뭐겠어?"

'군대 가면 정신 차린다' 혹은 '군대 가서 정신 차려야지'와 같은 말은 얼핏 군대가 사람의 정신을 굉장히 '맑게' 해주는 곳 같은 착각을 불러일으킨다. 그러나 실상은 전혀 그렇지 않다. 그 말 안에 이미 답이 다 들어 있다. 이들이 말하는 군대에서 '정신 차린다는 것'은 그만큼 군대가 이상한 곳이기 때문에, 상대적으로 '군대가 아닌 곳'이 왜 그렇게 소중한지 정신이 번쩍 든다는 의미다. 그러니까 '정신 차린다'는 말의 속뜻은, '개새끼, 군대 가서 개고생하면 인생이 얼마나 소중한지 알지' 정도 아니겠는가. 그렇다면 남자들이 군대를 '×같은 곳'이라고 인정하는 이유는 뭘까? 열에 아홉이 이렇게 말한다. "졸라 말도 안 되는 고생시키면서 이게 다 국가를 위한 거라고 구라를 치잖아요!" 이때, 조금만 박자를 맞추어주면 군대의 '일그러진 일상'에 대한 이야기가 청산유수처럼 등장한다. 간단히 정리하면 "군대에서는 스스로 판단을 할 수가 없어. 그래서 '적당히 하자'가 그냥 불변의 시대정신이야. 이런 곳이 '× 같은 곳' 아니면 뭐겠어?" 정도다.

특히나 청소 이야기가 나오면 흥은 최고조에 이른다. 왜 군대는 청소를 할 때, 빗자루를 잡는 손도 정해져 있고 먼지를 모으는 방향도 정해져 있는지, 또 청소함에 넣을 때는 손잡이를 어느 벽면에 기대어야 하는지도 정해져 있는지, 걸레는 몇 번을 접어야 하는지, (바닥을 닦기 위해 사용하는) 치약은 몇 번을 어느 정도 짜야 하는지, 또 어떤 손에 들고 어떤 자세로 그리고 어느 정도의 속도로 바닥을 닦아야 하는지, 또 이런 규칙(?)을 약간 어겨서 욕먹었던 이야기들 말이다. 아무도 그것이 '진정한 남자'의 모습이라든가 '인간이 되어가는 과정'이라고 말하지 않는다. 그냥, '좆 같았던 경험'이라고 말할 뿐이다. 아, 솔직하다(물론 '군대는 사회와 다르게 문제가 많다'는 논의는 자기들끼리 누가 더 힘들었는지에 대한 무용담이 격돌한 후, '그러니까 군대는 사회와 다르다'로 매우 일관되게 종결된다).

이명박 대통령 시절, 정부는 군 복무 기간 연장을 추진한 바 있다. 이는 참여정부의 군 복무 기간 단축 정책과 차별성을 보이겠다는 일종의 상징적 행보였다. 결국 18개월까지 복무 기간 단축이 예정되어 있었던 것을 21개월 이하로 줄이지 않는 것으로 확정 지었다. 남자들이 모이기만 하면 자기 군 생활이 얼마나 엿 같았는지를 경쟁적으로 말하는 것으로 보아서는 당연히 '그딴' 군 생활 기간을 줄여주지 않겠다는 정부에 불같이 화를 내야 마땅해 보이는데, 반응은 (언제나 그랬듯이) 내 예상 밖이었다. 많은 남자들이 '더 이상 줄이는 것은 무리가 있다'는 의견을 냈고 '현재 너무 줄였다! 오히려 복무 기간을 다시 24개월로 연장해야 한다'고 주장하는 남자들도 곳곳에서 나타났다. 물론 이 여론을 주도

하는 사람들은 예비역들이었다. 직접 전수조사를 해본 건 아니지만 다들 "내가 군대 생활 해봐서 아는데……"라면서 말들을 시작하는 걸 보면 충분히 일반화할 수 있지 않겠는가. 예비역들의 논리는 간단명료했다. "군대에 다녀오면 다 안다. 18개월로 줄이는 것은 말도 안 되는 소리다!" 군대 안에 있을 때, 하루라도 빨리 제대하고 싶어 안달이 났던 사람들이 어찌 이런 망언을 일삼을까? 그리고 과연 자신들이 겪었던 군 생활을 남에게 '더' 하라고 권장할 수 있을까?

─────── 군 생활을 권장할 만한 것이라고
　　　　　　말할 수 있을까?

26개월 군 복무를 했던 나의 기준으로 이등병 6개월과 병장 6개월 시절을 한번 생각해보자. 먼저 서러웠던 이등병 시절, 익숙하지 않은 업무에 적응할 수 있을까 하는 공포는 엄청났다. 부당한 일을 당해도 사회적 기준에 맞추어 하소연할 수도 없는 것은 기본이고 나름 긴장하고 살아도 새로운 '군대 내 기준'을 몸에 익히는 시간이 꽤나 걸렸다. 분대장 중심으로 이루어지는 내무실의 권력관계와 각자의 주특기에 따라 배치되는 업무 현장의 권력관계를 이해하는 것도 어려웠고 '젊은' 중대장과 '늙은' 행정보급관

이 동시에 지시를 내리면 어느 장단에 춤을 춰야 할지도 판단이 서지 않았다. 참으로 많은 것(?)을 배우는 시간이었다.

가장 짜증 나는 일은 '작업'이었다. 군대는 사람 부리기가 정말 쉽다. 일과 시간에는 기본이고 일과 이후에도 작업은 다양했다. 풀 뽑기, 돌 줍기, 몇 달 전에 복구한 곳 다시 복구하기, 농구장에 선 그리기. 대대장 관사 화장실 막힌 거 뚫어주기, 대대장이 자신이 다니는 교회 사람들 데리고 와서 테니스 치면 그 옆에서 공 주워주기, 주임원사 집에 가서 페인트칠하기, 행정보급관 이사할 때 짐 날라주기 등등. 이런 업무 '외' 업무가 워낙 많으니 대대 행정병이었던 나는 야근이 그냥 일상이었다. 낮에는 앞서 말한 이상한 일들을 하고 저녁에는 청소와 선임들의 심부름 호출에 대기해야 했으니 정작 '낮에 해야 할' 일들을 밤에 할 수밖에 없었다. 그렇게 새벽 1~2시까지 야근을 하고 나면 1시간 30분 동안 경계 근무를 서야 한다. 물론 '경계는 없는' 경계 근무다. 유령이 나올 듯한 으슥한 곳에서 내가 하는 가장 중요한 일은 선임을 즐겁게 하는 것이다. 율동을 겸비한 노래를 부르고 여자와 '어디까지' 가(?)보았는지 상세하게 말해야 한다. 그렇게 하루가 끝난다. 기상까지는 2시간 정도만이 남았을 때 겨우겨우 눈을 붙인다. 그렇게 6개월을 보냈다. 이후, 일병 생활 6개월과 상병 생활 8개월에서도 조금 나아졌을 뿐이지 근본적으로 군 생활의 패턴은 비슷했다. 계급이 올랐다고 해서 비상식적인 것에 익숙해져야 하는 생활 자체는 달라지지 않는다. 이런 군 생활을 권장할 만한 것이라고 말할 수 있을까? 군대를 '없앨 수 없고', 어쩔 수 없이 징병제를 해야만 한다면, '복무 기간을 가능한 한 줄이는 것'이 그나마 사람 중심의 사회 아닐까?

──── 자기 경험을 배신하는 유체 이탈 화법

이런 시기가 지나면 '한량한' 병장 시절을 보내야 한다. 도무지 '나 같은 인간들에게' 왜 국가가 공짜로 밥 먹여주는지가 제일 의문이었다. 하루하루가 지겨웠다. '군 복무 기간 단축'을 반대하는 이들은 병사들의 전투력을 상승시키기 위해서는 '절대적인 시간'이 필요하다고 주장하는데 실제로 병장 생활 6개월은 '기껏' 쌓아올린 전투력이 하락하는 시기다. 병장들은 어떻게든 전투력 '축적'을 피하기 위해 요리조리 미꾸라지처럼 빠지는 데 도사가 된다. 왜? 제대하면 아무런 소용이 없는데, 곧 사회에 나갈 병장들이 미치지 않고서야 어찌 '의미 있는(?) 시간'을 보내겠는가. 그저 D-day만을 기다리면서 '짱 박혀서' 몸조심하는 것이 바로 병장 본연의 자세다. 그래서 병장들 스스로가 세금 낭비를 막아야 한다면서 빨리 전역시켜 주는 게 누구에게나 좋지 않느냐고 묻는다. 이런 군 생활 줄이자는 것이 도대체 무엇이 문제란 말인가?

김보통 작가의 만화 〈D★P〉에는 "군대는 일종의 침팬지 수용소"[주15]라는 말이 나온다. 많은 남자들이 군대를 '지랄 같았다'고 하니 틀린 말이 아닌 듯하다. 그런데 신기하게도 제대를 하면서 남자들은 그 시절에 대해 '지랄' 그 이상의 것이 있었다고들 말한다. 주변에서 '진짜 남자', '리더십이 있다'는 식으로 '예비역'을 대하니 어떤 남자도 "솔직히 군대는 그런 것과는 전혀 상관없는 곳"이라고는 차마 말하지 못한다. 오히려 과거에는 쳐다보지도 않았던 '국방부 홍보 문구'를 줄줄 읊는다. 가만있어도 '예비역 프리미엄'을 누리는데, 굳이 우물을 팔 필요는 없으니까. 이 상황에서 군 복무 논쟁이 등장한다. 난처하다. 자신의 경험으로 볼 때는 '줄어들어 마땅한 것'이지만, 이미 내뱉은 낯간지러운 말들이 너무 많다. 사람은 일관성이 중요하다고 했던가? '군 홍보대사'의 입장은 그대로 유지된다. "더 이상의 군 복무 단축으로는 진정한 군인이 될 수 없다!"처럼 겉과 속이 다른 완벽한 말은 그렇게 등장한다. 자기 경험을 배신하는 일종의 유체 이탈 화법이다. 확실한 건, 남자들은 군대를 증오하는 만큼 옹호한다는 것이다. 아니 그래야만 한다. 국가가 이 증오의 원인을 해결해주지 않으니 이것만이 유일한 심리적 치유 아니겠는가.

"군대를 갔다 와야 사람이 된다니까!"

―――― 군대에서 죽을 놈 사회에서도 죽는다?

하긴 이런 남자들을 보면 왜 군대가 군인을 하찮게 대하는지 충분히 이해가 된다.

제대로 된 치료를 받지 못해 목숨을 잃는 경우는 물론이고 사고로 사지 하나가 절단되어도 대통령이 '병원에 방문하는' 이벤트가 없으면 진료비도 제대로 보장받지 못한다. 매번 '군 장병들의 사기 문제'를 말하면서도 일종의 산업재해조차 책임져주지 않는 것이다. 지난 천안함 사건 때 생존 장병들의 기자회견은 압권이었다. 함장을 제외한 모든 장병들에게 환자복을 입혀서 나란히 앉아 있게 한 그 모습 말이다. 부연 설명 없이 사진만 보면 완전 교도소 단체 행사 사진처럼 보일 정도였다. 그렇게 환자복을 입어야 한다면 나오지 말았어야 했다. 시도 때도 없이 강조하는 '전우애'는 도무지 어디에 있단 말인가? 군은 동정심에 기대어 지휘관들에게 책임을 엄중하게 물어야 된다는 여론을 희석시키고 싶었을까? 아무리 그래도 고용된 노동자를 이렇게까지 노골적으로 '도구화'할 수 있단 말인가. 그런데 이를 문제 삼기는커녕, "군대에서 죽을 놈 사회에서도 죽는다"고 말하는 제대 군인들이 넘쳐나니 무엇이 걱정이겠는가.

괴물과 싸우면서
괴물이 되는 남자들

"너 박 병장 말이다. 그 새끼 처음에 어땠는지 알아?"

이등병 시절, 야간 경계 근무를 함께 나갔던 최 병장이 말한다. 나는 군기 바짝 든 이등병이고 최 병장은 박 병장보다 3개월 늦은 군번이다. 권위적이지 않고 합리적이어서 후임들에게 인기가 많다. 무엇보다 군대를 지나가는 정류장 그 이상으로는 절대 생각하지 않는다. 본인 스스로 몸 바쳐 여기에 충성하지 않으니 괜한 트집 잡으면서 후임을 괴롭히지도 않는다. 예를 들어, 청소를 검사한다면서 창문틀에 손가락을 대보고 밀알만 한 먼지 하나 있다고 지랄 떨지 않는다. 그걸 문제 삼는 곳은 군대뿐이라면서 함께 욕한다. 군인 정신이 부족한 것처럼 보이지만 실제 맡은 일은 '정확하게, 제때' 해낸다. 그래야지만 본인이 편하다는 것을 잘 알기 때문이다.

하지만 박 병장은 아니다. 똥은 더러워서 피한다고 했건만 이등병들은 그가 무서워서 피했다. 박 병장은 권위적이었고 비상식적이었고 또한 저질이었다. 입만 열면, "군대는 말이야~"를 외치면서 자신의 오만한 권위를 정당화했고 "요즘 군대 좋아졌다"는 말로 아래를 향해 추잡한 폭력을 행사할 건수를 찾았다. 바닥을 맨발로 걸으면서 먼지가 묻었는지 확인하는 기행도 즐겼다. 군대 오기 전 주변에서 말해주는 '입대하면 제일 조심해야 하는 선임'의 전형적인 모델이 바로 박 병장이었다.

최 병장이 들려주는 박 병장의 지난 이야기는 놀라웠다. 과거에 그는 어수룩했다고 한다. 하지만 이는 멍청해서가 아니라 그만큼 군대 논리를 거부했기에 가능한 순진함이었다. 후임들끼리 모이면 매번 "내가 나중에 다 바꾸고 말 거야"라는 말을 입에 달고 살았단다. 그런 불같은 의지를 숨길 수 없었으니 선임들로부터 괴롭힘을 상시적으로 당했음은 당연했다. 그랬던 이가 무슨 계기가 있었는지 상병쯤부터 "너 이제 군인 티 좀 난다", "이 자식 군대 와서 드디어 사람 되었네"라는 칭찬을 여기저기서 듣기 시작했고 병장이 되어 드디어 무소불위의 권력을 얻게 되자 '인간 망종' 괴물이 되었단다. 최 병장은 보름달을 바라보면서 품평회를 마친다. "요즘 박 병장이 너희들한테 하는 거 보면 자기가 과거에 당했던 거 그대로 갚아주는 느낌이야. 그런데 너희들이 무슨 죄야? 진짜 따져 물어야 될 사람은 여기 있지도 않은데 말이야. 너는 절대 그러지 마라."

─────── 괴물의 탄생

군대에 적응하는 방식은 세 가지가 있다. 가장 일반적인 경우는 어떻게 적응해야 하는지 처음부터 잘 알고 와서 무난히 생활하다가 제대하는 유형이다. 웬만큼 각오를 했기 때문에 폭력을 폭력으로 생각하지 않는다. 시키는 대로만 하기 때문에 감당 못 할 수위의 폭력을 경험할 리도 없다. 나도 그랬고 대부분이 이렇게 군대를 지나간다. 개인적으로는 권장하지만 사회적으론 그럴 수 없다. 다수가 그렇게 적응한다고 해서 그게 옳은 건 아니니까. 징병제 사회라고 해서 모두가 같은 마음가짐으로 입대하는 것은 불가능하다. 군대가 세상의 논리보다 훨씬 혼탁하기에 굉장히 단순해져야 한다는 이치를 미처 몰랐던 이들도 어김없이 군대에 온다.

'군대가 너무나 낯선 자'들의 길은 두 갈래로 나뉜다. 우선 처음부터 끝까지 적응하지 못하고 겉도는 이들이다. 개중에는 반항하다가 영창에서 살기도 하고 탈영을 하거나 목숨을 끊는 극단

적인 경우도 있다. 그러나 탈영, 자살이 손쉬운 선택일 수 있겠는
가. 그래서 스스로 변화를 택하는 이들이 있다. 군대의 논리에 대
한 거부감을 겉으로 드러냈다가 몇 번의 집단적 폭력을 경험한
이들이 적응을 결심하면 무서워진다. 약한 모습 다시 보이면 끝
장날 수 있다고 마음먹었는지 자신을 괴롭혔던 사람보다 더 악
질적으로 변한다. 괴물의 탄생이다. 말 그대로 군대 가더니 사람
이 되었다. 이전과는 매우 다른. 물론 이런 괴물들은 일부에 불과
하다. 하지만 군 생활 했다는 사람들은 누구든지 "맞아, 그런 녀
석 한 명 있었지"라면서 신기하리만큼 그 '일부'를 기억한다. 어
디에나 존재하는 일부, 그러니 충분히 구조적 문제라 지적할 만
하다.

윤종빈 감독의 영화 〈용서받지 못한 자〉(2005)는 '군대 적응=
비인간화'의 모순을 적나라하게 파헤친다. 그간의 군대에 관한
분석들은 지나치게 우회했다. 조직 이론을 들먹이기도 하고 영웅
주의에 입각한 상징적 심벌을 강조하여 모순을 은폐한다든지, 군
가 등을 목청 터질 듯 부르는 의례에서 집단주의가 형성되는 문
제가 발생한다는 등 연역법에 근거해서 이론에 맞는 사례를 발
굴했다. 그래서 관념적일 수밖에 없었다. 하지만 이 영화는 돌직
구를 날린다. 군대는 '너무 어린' 사람들끼리 '너무 오래' 함께 살
고 있는 곳이라고.

─── 넌 어른이 먼저 되어야 해

승영(서장원)은 운 좋게도 중학교 동창인 태정(하정우)의 조수로 군 생활을 시작한다. 승영은 군대의 말도 안 되는 상식이 싫다. 태정은 그런 승영을 개인적으로는 감싸주지만 조직의 논리에 균열을 일으키는 순간 일체의 타협이 없다. 통제는 '연대 책임'을 묻는 방식으로 한다. 자기 바로 밑의 후임을 '관리 소홀'이라는 명목으로 폭행하는 것도 잊지 않는다. 인과관계 분석은 단순하다. "이게 다 널 만만하게 봐서 그런 거야." 이뿐이다. 그러니 만만하게 안 보도록 오줌 찔끔 싸게 조지면 모든 게 해결되는 줄 안다. 승영은 "앞으로 잘 할게"라면서 미안함을 표한다. 태정은 "넌 어른이 먼저 되어야 해"라면서 군대라는 곳에 적응하기 위해서는 어린아이처럼 행동하지 말아야 한다고 강조한다.

하지만 '어른스럽다고' 자부하는 태정이 강조하는 어른스러움은 "군대는 사소한 것이 중요해"일 뿐이다. 맞다. 군대는 사소하다. 여기서 사소하다는 건 총 잘 쏘고 수류탄 제대로 던지는 것과 무관하다(실제로 훈련소 이외에서는 수류탄을 던질 기회가 별로 없다). '빗자루를 어떻게 쥐어야 하는지, 걸레질할 때 어느 무릎을 땅에 대야 하는지'와 같은 사소한 것들이다. 뭐, 평소에 이런(?) 훈련이 잘되어야지 전시에서도 효과가 있다고 속는 셈치고 믿어보자. 하지만 정말로 '문제 많은' 사소함이 있다. 군대에서는 일반적으로 성인이 된 사람들이 풀어나가는 복잡다단한 인간관계가 생략된다. 이걸 따지지 않는 사소함이 중요하다. 특히 폭력 행위 '그다음'을 처리해나가는 방식이 그러하다. 어떤 식의 폭력이든 '똑같이 되돌려주는' 시대가 아닌 이상 일상에서 가해자와 피해자 사이의 거리는 '돌아갈 수 없는 다리를 건넌' 꼴이 되기 일쑤다. 공권력을 통한 법 집행이 위안이 될 수 있지만 피해자가 느끼는 심리적 거리를 가해자가 좁히긴 좀처럼 어렵다. 죽을 때까지 진정성 있게 사과를 해야지만 용서, 그것도 아주 일부만이 '극적인 용서'를 받을 수 있다. 하지만 군대는 그러지 않는다. 용서를 우습게 안다.

> 태정은 승영에게 사과한다. 자신은 원하지 않았지만 상황 때문에 어쩔 수 없이 승영을 폭력적인 방식으로 대할 수밖에 없었다는, 거의 변명에 가까운 사과였지만 말이다. 아이러니하게도 승영에게 사과하는 태정의 모습은, 이후 그가 왜 '용서받지 못할 자'인가를 짐작하게 한다. 문제는 용서를 구할 줄 모르는 뻔뻔함이 아니라, 너무나 쉽게 용서를 구하는 참을 수 없는 가벼움에 있다.[주16]

가해자가 북 치고 장구 치고 가해자가 병 주고 약 주는 곳이 군대다. 이런 비합리성이 일상화된 공간에서는 폭력을 문제 삼는 자가 유난 떠는 자로 인식될 뿐이니 가해자는 용서받을 것이 없는 자가 되어 살아간다. 일반적인 세상에서 폭력이 동반된 문제가 이처럼 쉽사리 해결될 리 없다. 하지만 군대를 거쳐가는 이들은 세상 이치의 '역', 즉 오답을 정답으로 배운다. 착한 어른들은 이렇게 살지 않는다. 하지만 태정은 말한다.

"착한 게 무슨 소용이냐. 말을 잘 들어야지."

용서를 구하는 자가 없는 곳에서의 피해자는 가해자 응징이 불가능한 분노를 본인이 가해자가 되면서 보상받는다. 영화에서 승영은 자신의 후임 지훈(윤종빈)을 그렇게 대한다. 결국 지훈은 자살한다. 그나마 죄책감을 가졌던 승영도 자살한다. 피해자가 사라짐과 동시에 용서받지 못한 자가 된 태정은 일상을 태연하게 산다. "아무것도 안 했어. 내가 뭘 잘못했어"라는 확신과 함께.

내가 겪은 박 병장도 날 때부터 폭력을 일삼는 자는 아니었을 것이니 (처음에는 폭력에 저항했다고 하지 않은가!) '괴물 되기' 과정을 거쳤음이 분명하다. 피해자가 가해자가 되는 악순환, 하지만 '어른'의 기준이 다른 군대 입장에선 참으로 놀랄 만한 선순환이다. 악화가 양화를 몰아내면 그때부턴 악화가 양화다.

예비군 훈련과 민방위 훈련이 다를 수밖에 없는 이유

내가 군 생활을 했던 곳에서는 1년에 한 번씩 동원훈련이 있었다. 동원훈련이라는 것은 2박 3일간의 예비군 훈련인데, 대학생이나 대학원생들처럼 8시간짜리 하루 훈련을 받는 것이 아니라 부대에 입소해서 실제 군 생활(?)을 하는 것을 말한다. 동원훈련 시즌이 오면 부대는 초긴장 상태가 된다. 왜냐하면 훈련기간 중, 간부들과 훈련에 소집된 민간인, 그러니까 '2박 3일만 군인'인 사람들과의 충돌이 빈번하기 때문이다. 당연한 말이지만 전역한 민간인들이 군인 아무개의 말을 왜 듣겠는가. 그들의 입소부터 퇴소 때까지의 모습은 당시 이등병이었던 나의 눈에는 신(神)처럼 보였다. 이들은 '예비역의 자존심'을 걸고 더 껄렁껄렁하게 다녔다. 이들의 행동거지 하나하나에는 "절대로 단정하게 다니지 않겠다!"는 굳은 결의가 배어 있었다. 예비역이 단정하다는 건 마치 가문의 수치인 것처럼 이들은 '극도로' 껄렁했다. 내가 시인이라면 더 멋지게 이 '더블 플러스 껄렁스러움'을 표현할 터인데 그렇지 못해서 아쉬울 따름이다. 밥을 먹어도, 사격을 해도, 행군을 할 때도 '현역'과는 완전히 달랐다. 누구는 '히피족 훈련'이라고도 했다. 주머니에 손을 넣어도 그들만의 독자적인 아우라는 대단했다. 지금까지 봤던 말년 병장들은 새 발의 피였다. 훈련 중에 다른 곳에 퍼질러 있는 훈련병은 그나마 양반이다. 밤마다 어디론가 도망가서 술판을 벌이는 경우도 있었다. 그때마다 간부들은 추격자가 되었고 항상 싸움으로 번지곤 했다. 그만큼 예비군 복장을 입은 남자들은 참으로 용감했다.

———— 남자 둘만 모여도 질서가 깨진다?

물론, 이들을 신기하게 바라보던 수많은 현역들이 제대 후 예비군이 되면 보란 듯이 '그들의 위대한 자존심'을 지키는 행동에 동참한다. 누구에게도 직접 교육을 받은 적은 없지만 이미 간접 경험을 무수히 하지 않았던가. 그리고 '옷'이 사람을 만든다고 하지 않았던가. 다시 군복을 입으면서 이들은 가슴 뭉클함을 느낀다. 예비군이면 예비군답게! 그래 나도 껄렁껄렁해지자! 그날만 큼은 '사람 아무개'가 아니라 '예비역 아무개'다. 그렇게 생각하 니 용감해진다. 이와 비례하여 무례해진다. 생전 처음 보는 현역 군인들에게 반말을 하는 건 기본이고 자기 부하처럼 대한다. "어 이~ 군 생활 며칠 남았어?", "요즘 군대 좋아졌지?"는 기본이다. 때로는 시비까지 건다. "선배님~ 이러시면 안 됩니다~"라는 조 교의 간절한 부탁에, "어쩌라고?"라면서 노려본다. 정말 가관이 다. 내가 이런 남자들을 확인하고, 내 스스로도 그런 남자가 되어 보니 한 가지 결론이 내려졌다. 여자 셋이 모이면 접시가 깨진다 는 말이 있었던가? '예비군 복장의' 남자는 둘만 모여도 질서가 깨진다. 그냥 자기들끼리 수다 떠는 정도가 아니란 말이다.

'질서를 깨트리는' 예비군 훈련 기간 7년이 지나니 5년간의 민 방위 훈련이 기다리고 있다. 교육은 4시간인데 1년에 한 번이다. 민방위 훈련이 무엇인가. 바로 그 '용감한' 예비군 훈련의 다음 코스가 아닌가. 상상만 해도 아찔하다. 민방위 훈련장에는 쓸데 없이 무례하고, 용감하고, 깐죽거리는 남자들이 예비군 훈련 때 보다 더 많지 않겠는가. 하지만 이런 걱정은 기우였다. 민방위 교 육을 받을 때마다 느끼는 것인데, 예비군들은 모두 '전향'을 한 것이 분명하다. 그러지 않고서야 그렇게도 일치단결했던 예비군 의 위엄을 이렇게 하나같이 포기했을 리 없다. 민방위 교육장의 일탈 행위는 '잠 자는 것' 단 하나다. 어떤 내용으로 교육을 진행하든 민방위 교육장은 침묵의 공기만이 흐른다. 예비군 훈련 시절 즐겼던 여러 일탈 행위는 다 사라졌다. 짱 박히기, 괜히 시비 걸기, 똥폼 잡기 등등의 행동을 하는 사람을 여기서는 볼 수가 없다. 사람들은 그저 잠만 잘 뿐이다. 그리고 잠에서 깨어나면 휴대폰을 만지작거리는 정도이다. 개과천선이라도 한 것일까?

——— 군복을 입느냐, 사복을 입느냐, 그것이 문제로세

그렇다면 결정적인 차이는 뭘까? 바로 민방위 훈련에서는 '군복'을 입지 않는다는 사실이다. 고로 민방위 훈련 참가자들은 무엇인가 구별되는 존재가 아니라 그저 '민간인'일 뿐이다. 예비군 훈련장은 '군복'과 함께 '공통분모'를 부여받은 군인들의 집합체이지만, 민방위 교육장은 단지 '민간인'들이 잠시 모여 있는 장소에 불과하다. 또한 민방위 훈련 참가자들은 자신들이 상대적으로 우쭐해할 수 있는 '상대'를 만나지 못한다. 예비군 훈련은 자신들의 일탈을 존경의 눈으로 바라보는 '현역들' 앞에서 이루어진다. '세상에서 가장 위대한 사람은 제대한 사람이다'라고 믿는 현역들 아닌가. 그런 그들이 경이로운 눈빛으로 바라봐주니 누군가는 일탈 수위를 높이게 된다. '용감한 정신'은 그렇게 만들어진 것이다. 하지만 민방위 교육장에는 공익 근무 요원들이 있다. 매일 퇴근해서, 민간인으로 살아가는 이들이 '일탈을 몸소 보여주는' 누군가를 존경할 이유는 전혀 없다. 오히려 민방위 교육장에서 공익 근무 요원들은 (미약하지만) '행정 권력'을 가지고 있다. 그래서 "교육 중 다른 곳에 가 계시면 무조건 도장 안 찍습니다. 교육 무효니까 알아서 책임지세요!"라고 말하기도 한다. 그러니 용감해질 수가 없다.

개성 강한 개인들이 공동체라는 이름의 괴물이 되어가는 과정을 그린 영화 〈디 벨레〉를 보면 모두가 입는 '유니폼'이 어떤 기능을 하는지가 잘 드러나 있다. 유니폼은 당연히 서로 간의 동질성을 증가시키는데 이것이 때로는 개인의 폭력을 우리(We)라는 우리(cage)에 은폐시킨다. 그래서 아무리 나약한 사람일지라도 집단의 구성원이 되면 '용감한 개인'으로 변신이 가능하다. 예비군 훈련장에서 볼 수 있는 남자들의 일탈도 마찬가지이다(〈디 벨레〉에 대한 이야기는 111p 참조).

민방위 교육을 받는 사람들의 표정은 매우 어둡다. 하지만 거기까지다. 그 이상의 용기를 낼 수는 없다. 그냥 혼자서 '멍하니' 속으로 앓기만 한다. 그래서 '잠'만 잔다. 옷 좀 '다르다고' 이렇게 소극적인 사람이 된다. 아니 남자의 원래 모습이 이렇다. 원래는 그냥 평범한 사람들이라는 말이다. 하지만 이런 비교도 남자끼리를 구분할 때나 가능하다. 남녀가 섞인 일상에서는 '남성'이라는

유니폼을 입고 쓸데없이 용감해진 남자들이 많다. 이제 그 이야
기를 할까 한다.

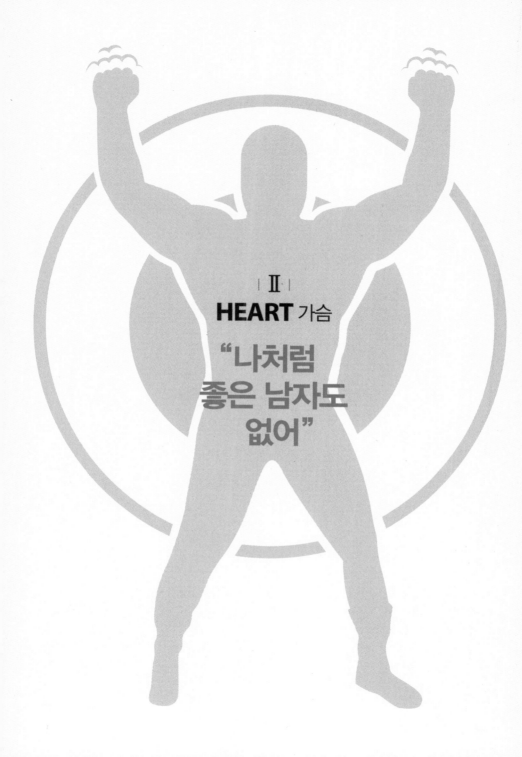

Ⅱ

HEART 가슴

"나처럼
좋은 남자도
없어"

'개저씨'는
혁명의 단어다

내가 그의 이름을 불러주기 전에는 그는 다만 하나의 몸짓에 지나
지 않았다. 내가 그의 이름을 불러주었을 때 그는 나에게로 와서 꽃
이 되었다.

김춘수의 '꽃'은 한국에서 가장 많이 인용되는 시(詩) 구절 중
하나다. 거칠게 분석하자면 사물은 결국 사람이 인식하기 나름이
라는 이 표현이 사람들의 머릿속에 깊게 남은 건 실제로 그렇게
(아름다운 것을 아름답다고 느끼면서) 살지 못하기 때문이다. '무엇'
은 그 자체의 존재 유무로서가 아니라 인간이 '어떻게' 의미를 규
정할 때만 생명력을 가진다. 그래서 꽃처럼 아름다운 것을 뒤늦

게 알아보는 것은 언젠가는 죽을 인간의 짧은 생을 생각할 때 너무나 아쉽다.

그런데 아름답지 않은 것을 뒤늦게 눈치채는 것도 마찬가지다. 이 상황은 '아쉽다'라는 표현만으로는 부족하다. 특히 '폭력'은 특정 언행이 존재한다면 가타부타 따질 필요 없이 그 자체가 '나쁜 것'이다. 이 추잡한 것을 한참 시간이 지나고서야 '그것이 폭력이었구나'라고 인지하는 것은 땅을 치고 억울해할 일이다. 피해자는 물론 잘못을 저지른 줄도 몰랐던 가해자도 마찬가지다. 그러니 잘못된 건 '잘못되었다'고 빨리 정의 내려야 한다. 폭력을 폭력이라 말하지 못한다면 그것이야말로 참으로 '나쁜 사회'다.

우리는 '좋은 게 좋은 거지'라고 두루뭉술하게 말하기 전에 어떤 점이 잘못됐는지를 구체적으로 직시해야 한다. 이것은 기득권 세력이 기존의 권력을 유지하기 위해 아무 문제가 없는 것을 문제인 것처럼 포장하는 식과는 다르게 대중의 자각으로 이루어지는 것이기 때문이다. 그래서 '좋은' 사회는 나쁜 걸 나쁘다고 단호하게 말하는 개인을 길러낸다.

——— '어쩌다가' 개저씨가 되었다니?

'꼰대질 일삼는 중년 남성'은 늘 존재했다. 다만 이를 'ㄨ같다'고 말하지 않으니 그것은 '문화'라는 이름의 보호를 받으며 '훈계'라는 고상한 지위를 얻었다. 낡은, 그래서 진작 없어져야 할 관습이었지만 잘못을 잘못이라 말하지 못하는 분위기 덕택에 수많은 아저씨들이 고삐 풀린 망아지가 되었다. 애초에 고삐가 없었으니 야생마란 표현이 적절할까? 인간이 고삐에 구속된 채 산다는 걸 문제 삼을 수도 있겠으나 특정 성별, 그리고 특정 연령대의 누군가에게만 자유가 아닌 방종이 허락될 수 있겠는가. 하지만 한국의 아저씨들 중에는 자신에게 그럴 수 있는 권리가 마치 천부적으로 주어진 것처럼 착각하는 사람들이 있다. 이들을 바로 '개저씨'라 한다.

개 좋아하는 아저씨가 아닌, 개 같은 아저씨! '남자이자 나이 많다'는 말 같지도 않은 이유로, 하지만 한국에서는 효용성이 무척이나 큰 두 가지 변수만을 믿고 무례한 짓을 무례하지 않다고 생각하는 사람이 바로 개저씨다. 구세웅 박사는 영문 뉴스 웹사이트 〈코리아 엑스포제〉에 'Gaejeossi Must Die'(개저씨는 반드시 죽어야 한다)라는 글을 기고하면서 '창피를 무릅쓰고 이성을 잃어버리는' 개저씨의 특징을 다음과 같이 말했다.

이해할 수 없는 이유로 자신을 신으로 여기며 우주의 중심에 두기 위해 이상하고 잘못된 질서를 남에게 강요하고, 자신보다 열등하다고 생각되는 사람 앞에서 막무가내로 구는 사람, 이러한 남성들의 공통점은 이러한 행위의 정당성을 기괴할 정도로 확신하며, 이를 거부하거나 맞서는 사람이 나타났을 때 극심하게 당황하고, 심지어 화를 낸다는 것이다.[주17]

타인에게 '이래라, 저래라!' 하는 걸(절대 '이렇게 혹은 저렇게 해보면 어때요?'가 아닌!) '개'라고 수식하는 건 지당하다. 그런데 '개'를 개라고 했을 뿐인데 개저씨들은 억울한 모양이다. 자신들은 열심히 살다가 아저씨가 된 죄밖에 없는데, 굳이 표현하자면 '개처럼' 온갖 굴욕을 참아가며 가족을 위해 버텼는데 '어쩌다 보니' 개저씨가 되어 있다고 항변한다. 이들이 술자리에 모이면 속마음이 적나라하게 드러난다. 자신을 개저씨라고 하는 사람들이 문제가 있단다. 멘트를 모으면 대충 이런 식이다.

"예전에는 찍소리도 못 하던 인간들이 세상 좋아졌다고 건방지게 설치고 지랄이야! 요즘 젊은것들은 약해빠져 가지고 말이야. 사회 생활도 제대로 못 한다니까!"

잘못을 들을 자세가 전혀 없는 아저씨들, 역시 개저씨답다. 이들은 자신이 개저씨가 아니라는 이유를 들면서 드라마 〈미생〉의 마 부장을 자주 언급한다. '개저씨'의 전형적인 모델로 자주 거론되는 마 부장에 비하면 자기는 양반이란다. 하긴 마 부장은 파괴적이다.

"이렇게 분 냄새를 흘리고 다니니까 조심히 하라는 거 아냐! 너 그래가지고 시집이나 가겠냐?", "내가 만지기를 했어, 들여다보길 했어. 그게 성희롱이야?" 등 주옥같은 말들을 뱉어낸다. 한 명이 잘못하면 팀원 전체를 줄 세워 전화기로 가슴을 쿡쿡 찌르면서 모욕 주길 즐긴다. 그러고 보니 요즘 세상에 마 부장과 싱크로율 100퍼센트인 인물을 만나긴 어렵다. 하지만 대중들이 마 부장을 좋아(?)하는 건 '어느 회사에나 있을 법한' 현실적인 캐릭터이기 때문이다. 가해자로 지목된 이들은 '절대 아니다'라고 하고 피해자로 추정된 이들은 '너도 마찬가지야'라 한다. 이 간격은 어떻게 발생한 것일까?

개저씨들은 '개 같은 행동'의 기준이 목소리 크기와 어휘 선택으로 결정된다고 착각한다. 하지만 어떤 개든 개는 개다. 개저씨는 누구나 '존엄한 인간의 가치'를 보장받아야 하는 수평적 인간관계의 균형을 깨는 행동 그 자체로 판명된다. 인터넷에 떠도는 '개저씨 체크리스트'는 다음과 같다.

'반말을 한다', '사생활을 묻는다', '스킨십이나 성적 농담을 일삼는다', '지위를 이용해 아랫사람을 함부로 대한다', '가부장적 생각을 강요한다' 등등.

이런 행동들은 강도, 횟수의 문제가 아니라 누군가가 누군가에게 행하는 그 자체가 문제다. 그러니 어떤 아저씨가 개저씨이냐하는 것은 한쪽이 한쪽을 찌르는 방향성의 문제이지 그 강도는 부차적이다. 마 부장은 '더블플러스' 개저씨일 뿐이지, 마 부장보다 수위가 낮다고 개저씨가 아닌 것이 아니라는 말이다. 세 대를 때리든 한 대를 때리든 폭력은 폭력인 것과 마찬가지이다.

──── 이유 있는 반항

어떤 이는 굳이 그렇게까지 나쁘게 표현해야 하냐면서 한탄한다. 김치녀, 된장녀, 맘충 등을 언급하면서 내게 "너는 그런 단어들에는 입에 거품을 물면서 호명된 이들을 보호해주더니 왜 개저씨는 그렇게 호명하는 이들의 편에 서냐?"면서 타박을 준다. 그럴 수밖에 없다. 모든 아저씨를 개저씨라 한다면 문제지만 개 같은 아저씨를 개저씨라고 표현하는 건 일종의 혁명이다. 없었던 존재를 악의적으로 지어낸 것이 아니라 원래 악랄한 것을 이제야 발견했기 때문이다. 꽃을 이제야 꽃이라, 아니 똥을 이제야 똥이라

| 개저씨의 특징 |

반말을 한다.
사생활을 묻는다.
스킨십이나 성적 농담을 일삼는다.
지위를 이용해 아랫사람을 함부로 대한다.
가부장적 생각을 강요한다.

부른 셈이다. 개저씨는 '신조어'일 뿐이지 새로운 인간의 등장을 뜻하지는 않는다. 개저씨는 김치녀, 된장녀, 맘충과는 성격이 완전 다르다. 이 용어들은 주로 약자를 향한 강자들의 낙인이다. 하지만 개저씨는 정반대다. 오랫동안 짓눌린 자들의 미세한 저항이 모이고 모인 이유 있는 반항이다. 지금껏 많은 이들이 참고 또 참았다. 하지만 이제는 상황의 부당함을 인지했고 비록 인터넷 공간에서 익명으로 수군거리는 수준에 불과하지만 어떻게든 피드백하는 용기를 보였다. 이 정도면 혁명적이지 않은가?

어떤 개저씨들은 자신의 시대가 '불운'하다며 울상이다. 무슨 말인가. 오히려 행운 아닌가? 그나마 남은 여정에는 '자기 멋대로' 살지 않아야 한다는 사회적 압박을 받을 수 있으니 이 얼마나 다행인가. 자신이 잘못한 줄도 모르고 '떳떳하게' 살다 죽은 사람이 불행한 것이다. 자신이 '어떤' 개저씨가 될 수도 있다는 걱정에 행동을 조심하는 아저씨가 증가한다면 이야말로 언어의 가장 멋진 사회적 기능이다.

물론 개저씨라는 단어에 대해 아무리 의미 부여를 해도 걱정은 남는다. 어느 학교에나 있을 법한 '미친개'라는 별명의 선생을 기억해보자. 이 선생은 자기 별명이 미친개라는 걸 알면서도 반성하지 않았다. 늘 별명에 어울리는 폭력을 일삼았다. 하긴, 자기가 미친개라는 걸 반성하면 이를 어찌 미친개라 하겠는가. 대한민국의 막강 개저씨들 역시 뒤에서 누가 수군거린다고 눈썹 하나 까딱하지 않을 듯해서 걱정이다. 이분들이 살아생전 다시 오지 않을 변화의 기회를 놓치지 않길 바란다. '개저씨'란 말은 너무나도 친절한 사회적 게시다.

한국 남자들에겐
'배신의 DNA'라도 있단 말인가?

한국인들이 일본군 '위안부' 강제 동원에 대한 진정성 있는 사과를 일본에 요구할 때마다 일본의 네티즌 중에는 "한국이 '라이따이한'(LaiDaiHan)에 대해서 제대로 된 사과를 한 적이 있느냐?"면서 비꼬는 이들이 있다. 라이따이한은 베트남어 Lai(혼혈)와 한국인들을 뜻하는 대한(大韓)의 발음 DaiHan을 합친 말로서 베트남 전쟁 기간 중 한국인 남자와 현지 여자 사이에서 태어난 이들을 말한다. 지금껏 한국 정부는 (마치 일본처럼) 넓은 의미에서 한국군의 베트남전 참전에 대해 사과한 적은 있지만 이 문제를 해결하기 위한 구체적인 노력은 하지 않았다. 1990년대 초부터 신문 지상에 가끔씩 등장했지만 (이것도 일본과 비슷하게) 사실을 왜곡

했다느니, 여자들이 자발적이었으니 문제 될 것이 없지 않느냐니, 또는 어떻게 '개인적 일탈'을 '국가의 조직적 범죄'와 동급으로 비교할 수 있느냐니, 하는 여론 덕택에(?) 큰 사회적 반향으로 이어지지는 않았다.

그런데 라이따이한 문제를 자세히 들여다보면 한국 남자들 중 '일부 더러운 자들의 개인적인 일탈' 그 이상이라는 사실을 발견할 수 있다.

─────── 2만 명이 넘는 라이따이한

일단 라이따이한을 '개인적 일탈'이라 보는 시각부터 따져보자. 어떤 이들은 전쟁이 끝난 후 20여 년이 지나서야 왜 문제를 제기하느냐며 진정성을 의심한다. 그런데 라이따이한은 베트남에서 '적군의 아이'다. "나에게 한국인 아버지의 아이가 있다"고 알리는 건 자살 행위다. '라이따이한'이라는 표현 역시 베트남에서는 시대의 슬픈 의미를 드러낸다기보다는 개인을 조롱하고 차별하는 분위기를 풍기는 단어다. 그래서 이들은 늘 숨어 지냈다. 아이에게 누가 될까 봐 아버지가 찍힌 사진 한 장까지 찾아서 찢어버렸다. 베트남 정부도 별 관심이 없었다. 일례로 한국과 베트남이 1990년대 초 수교를 맺을 때 이런 문제들이 불거지자 '우리가 승

전국인데 사과받을 일이 무엇인가'라는 식의 태도를 보였다. 이 문제가 공론화되면 오히려 베트남이 약자였다는 것을 드러내게 될까 봐 회피한 것이다.

그렇게 유야무야 넘어갔지만 최소한 확인된 라이따이한의 숫자만 해도 5000명이었다. 전문가들은 확인된 수가 그 정도라면 실제로는 2만 명이 넘을 것이라 추정한다. 한국군이 참전한 기간이 고작 8년 정도이니 실로 엄청난 숫자다. 이 짧은 기간에 단순히 '혼혈아'가 아니라 혼혈아'들'이라는 집단이 등장했다는 것은 '집단적인 가해 행위'가 있었다는 의미이다. 그리고 전시 상황에서 순수하게 '아이'가 목적이었던 사람이 있었겠는가. '나는 떠나면 그만인데 콘돔을 왜 껴? 문제 생긴다고 내가 책임질 것도 아닌데, 그냥 싸지르고 말 거야'라고 생각하는 한국 남자들에 의한 성적 행위가 최소 수십만 번이었던 셈이다.

─── 과연 일부 군인들의 일탈 행위였을까?

'집단적인 가해 행위'였다는 사실이 드러나자 파견 근로자들이 현지처와 함께 살림을 차린 경우가 많았다는 식으로 이야기하는 사람들이 많아졌다.

라이따이한과 한국군과의 연관성을 제외해야지만 베트남 여성의 자발성이 도드라진다고 판단한 모양이다. 그렇게 해석하는 것이 왜 문제인지를 이해하기 전에 과연 한국군이 '라이따이한' 과 별개일 수 있는지부터 따져보자. 일단 군인들의 범상치 않은 활약부터 따져보자. 〈한겨레〉 기사 "할머니의 어떤 기억"(2015. 4. 24.)에는 베트남전 당시 한국군으로부터 성폭력 피해를 당한 여성들의 생생한 증언이 우수수 등장한다.

"나 좀 살려주세요. 저렇게 아이들도 있는데… 아무리 말해도 소용없었어. 총소리가 나고, 내가 애를 셋을 안고 있었어. 서너 명의 한국군이 들어와서 나를 잡고 머리에다 총을 댔어. 애들은 마당에 내동댕이쳐지고, 나를 뒷집으로 끌고 가서 강간했어. 한 사람씩 돌아가면서. 너무 무서워서 눈을 감고 있었는데 한국군들이 내 옷을 벗겨서 내 얼굴을 가렸어. 아이고 무서워."

"우리 셋을 베트콩 잡으러 가자며 따로따로 끌고 나갔어요. 그런데 풀숲으로 끌고 갔어요. 베트콩 잡으러 간 것이 아니라 강간하러 간 거죠. 한 사람은 이쪽 풀숲에, 다른 한 사람은 다른 풀숲에 끌고 가 강간했어요. (…) 저항도 할 수 없었어요. 막을 수도 없었어요. 한국군들은 키도 크고 덩치도 컸거든요."

"그 풀숲에서 두 명의 병사가 내게 덤벼들었어요. 바지와 웃옷을 벗으라고 하더니, 낄낄거리고 웃고, 나를 이리 뒤집고 저리 뒤집고 하면서 희롱했어요. 그리고 강간했어요. 한 명이 하고, 그다음 한 명이 하고. 그러고 나서도 나를 돌려보내지 않고 나를 끌고 베트콩을 찾으러 갔어요."

"한국군 4명이 들어왔어요. 너무 무서워서 소리도 지를 수 없었어요. 한 사람씩 돌아가며 내게 그 짓을 했어요. 마지막 네 번째는 내가 혼절을 해서 축 늘어져 있으니까 무서워서 그냥 달아나버렸어요."

"내가 잡혀간 날 주민들 30~40명이 함께 잡혀갔어요. 그런데 남자는 남자대로 여자는 여자대로 격리를 했어요. 아이가 있거나 나이가 많은 여자들은 따로 모아놓고, 처녀이거나 소녀이거나 아이가 없는 여자들은 참호 속에 한 명씩 넣었어요. (……) 참호 속에 있던 그 군인에게 2박 3일 동안 연속해서 죽을 때까지 강간당했어요. 정확하게 기억은 안 나지만 낮에는 두 번, 밤에는 세 번 정도였던 것 같아요. 한국군이 옷을 벗으라고 하고 강간하고, 다시 옷을 입으면 벗으라 하고 강간하고, 또 옷을 입으면? 계속 반복했어요. 쌍꺼풀이 없는 눈이었고, 잘생기고 젊은 병사였어요."

기사는 이 정도 정황이면 명백히 지휘부의 명령 없이는 불가능한, 조직적인 강간이라는 의혹을 가질 수밖에 없다는 사실을 강조하지만 이 글이 '군의 과거사'를 따지자는 것이 아니니 이쯤 해두자. 분명한 것은 주월 한국군 사령부가 공식 집계한 바에 따르면 1965년부터 1972년까지 전체 한국군의 강간 범죄 심판 및 징계 발생이 21건인데 그것만으로는 2만 명에 이르는 '라이따이한'의 숫자를 설명하기 어렵다는 거다.

전쟁이라는 특수 상황을 자꾸 들먹이지만 한국은 전쟁이 끝난 이후에도 합리적 이성을 찾지 않았다. 미국은 패망 7년 뒤인 1982년부터 '질서 있는 이주 계획'(Orderly Departure Program) 정책에 따라 베트남의 아메라시안(Amerasian, American+Asian)들과 그 가족들의 미국행을 적극 돕는다. 이들을 '전쟁의 희생자'로 보기 때문이다. 한국의 경우 민간단체에 의해 겨우겨우, 그것도 지금에서야 세상에 알려지는 거에 비하면 확연한 차이가 있다.

나는 '남자답다'는 걸, 잘못한 일에 대해 한 치의 변명도 없이 순도 100퍼센트의 사과를 하는 것이라 배웠지만, 그것이 얼마나 거짓 이미지인지 이제 너무나도 잘 안다. 그래서인지 한국군은 지금껏 제대로 된 사과는커녕 진상 조사 한 번 한 적이 없다. 사나이들 중 '사나이답지 못한 이들'을 찾아내는 걸 왜 망설이는 걸까? 아마 전자를 가장한 후자가 많아서 아니겠는가. 진짜 사나이라면 '비록 실수로 태어난 자녀지만 핏줄이기에 외면하지 못하는' 것이 이치에 맞지 않을까? 그런데 한국의 사나이들은 '자신의 아이'를 외면한다. 이렇게 냉정할 수 있으니 사나이인가? 남자들이 특수한 상황에서 예기치 않게 저지른 일을 처리하는 방식도 이렇게 '사회마다' 다르다. 그러니 '한국' 남자는 독특하다.

——— '한국 남자'의 놀라운 비도덕성이 빚어낸 국제 참사

그럼 많은 이들이 원하는 대로 군대를 빼고 이 문제에 대해 이야기한다면 간단명료하게 사건이 정리될까? 그러면 일본군 위안부 문제와 라이따이한은 경중이 달라지니 따지지 말아야 할까? 그러나 그들의 말대로 이 문제를 당시 파견 근로자들의 현지 살림살이로 볼 때, 한국 남자의 파렴치성은 더 적나라하게 드러난다.

군대에서 조직적으로 이루어진 경우라면 조직에 책임을 물을 수야 있지만 이는 말 그대로 어떤 개인들(그 성별은 '남자')이 문제가 있다는 거다. 성욕은 주체할 수 없고, 매번 돈을 주고 성매매하긴 어렵고, 또 그럴 때마다 성병 걱정에 콘돔 끼는 것도 싫고, 이럴 바엔 아예 현지인 여자 하나 꼬드겨서 자유롭게 섹스하며 살겠다는 결정을 어떤 강압도 없이 '스스로' 했으니 더 큰 문제다.

1990년대 초부터 신문지상에 등장한 라이따이한들의 증언들을 종합해보면 한국 근로자들은 현지에서 베트남 여자들과 연애를 즐겼고 아예 결혼해서 살림을 차린 경우도 많았다. 그래서 라이따이한들 중에는 '아버지와의 추억'을 이야기하는 경우도 꽤 많다.

함께 찍은 사진은 물론이고 "아빠가 먼저 한국에 들어가고 나서 조만간 너하고 엄마 데리러 올게"라는 작별 인사를 남겼다고 기억하는 이들이 많다. "다 커서 찾아오라"[18]면서 흘렸던 아버지의 이별 눈물은 라이따이한이 기억하는 한국 아버지의 전형적인 마지막 모습이다. 이 말을 믿고 1970년대 후반 어린아이를 데리고 한국으로 건너온 베트남 여성들도 많았다. 빚내서 겨우 한국에 와서 수소문 끝에 아이 아빠를 찾으면 만남 자체를 거부하는 경우가 다반사다. 심지어 가정이 파탄 날 수 있다면서 출입금지 명령을 내려달라고 당국에 부탁하는 남자도 있었다.[19] "이들 가운데 아버지를 찾았다는 사람은 거의 없다. 어쩌다 가족 몰래 베트남에 와서 살림에 보태라며 얼마간의 돈을 주고 가는 경우가 '천에 하나' 있을 정도라고 한다. 그나마 철저히 한국의 주거지는 밝히지 않는다."[20]

라이따이한은 말한다.

"아버지요? 생각해본 적 없어요. 한국인들은 베트남에 와서 어머니

들을 만났지요. 그것은 짧은 시간이었고 돌아가서는 모든 것을 잊었을 겁니다. 그들에게는 베트남에 남긴 자기 자식들에 대한 책임감이 없습니다. 그런 것이 아마 한국식인가 봐요. (……) 한국에서 애써 수소문한 끝에 아버지란 사람을 찾아내면 하나같이 강한 경계심을 보입니다. '베트남에는 가본 적도 없다'고 펄쩍 뛰지요. 모두들 한국에서 가정을 꾸리고 있는 사람들이니, 그럴 만도 하겠지요."[주21]

한국 남자들에겐 '배신의 DNA'라도 있단 말인가? 도대체 한국 남자들이 말하는 '가정적'이라는 건 어떤 뜻이란 말인가? 인종을 '가려' 가정을 대하는 남자들을 어떻게 이해해야 할까?

라이따이한은 '한국 남자'의 놀라운 비도덕성이 빚어낸 국제 참사다. 버젓이 아빠 노릇을 하다가 어느 순간 떠나버리는 건 '구조적 문제' 탓이 아니다. 천륜을 저버린 개인의 심성 문제다. 이 땅의 '아버지'라면서 존경받는 사람들 중 일부가, 영화 〈국제시장〉 보고 펑펑 울면서 "우리가 얼마나 힘들게 살았는데……"라고 말하는 남자들 중 일부가 그렇게 천륜을 저버렸다. 그 숫자가 유의미한지 아닌지는 독자들 스스로 판단하기 바란다.

─────── Ugly Korean Male

시간이 흘러 등장한 '코피노'(Kopino, Korean+Filipino) 문제는 한 국 남자의 못된 버릇이 얼마나 문화적인지를 짐작케 한다. 코피 노는 한국인 아버지와 필리핀 어머니 사이에서 태어난 혼혈아를 뜻한다. (pino는 혼혈을 뜻함) 필리핀에서는 다분히 비하적 의미 로 사용되는 말이며, 그래서 라이따이한처럼 이들의 삶은 녹록지 않다. 무엇보다 아버지가 '없으니'(도망쳤으니) 생계가 쉽지 않다. 아버지가 '함께 산다면' 이게 무슨 사회문제이겠는가. 천륜을 저 버린 한국 남자들 때문에 힘들게 살아가는 코피노가 3만 명이 넘 는다. 그런데 한국이 언제 필리핀에 군대를 파견한 적이라도 있 었던가? 별다른 특수 상황이 존재하지 않음에도 '꼬드겨 상대가 임신을 하든 말든 섹스부터 하고 보는' 개인'들'에 대해 〈월스트 리트 저널〉은 '만행'이라 단정한다(2014. 5. 26.). 지충남 정치학자 는 관련 논문에서 이 문제의 원인을 진단한다.

코피노 발생의 1차적 원인 제공자는 한국 남성들이다. 즉 이들의 그릇된 성 인식과 함께 부모로서 자녀를 방치하는 비윤리적 행위 에서 비롯되었다. 따라서 코피노 문제는 한국 남성들의 잘못된 성 문화와 자녀 부양의 의무를 방치한 결과물이다. 여성을 '엔조이 (Enjoy)' 대상으로 인식하고, 돈으로 매수하여 성관계를 갖더라도

아무런 죄의식을 느끼지 못하는 비윤리적 태도, 피임을 기피하면서
도 필리핀 여성과 즐기고 임신에 대한 책임은 방관하는 태도, 필리
핀 연인 혹은 동거녀의 임신 사실의 인지 후, 일방적인 연락 두절이
나 귀국 등 한국 남성들의 일련의 비도덕적 행태가 코피노 발생의
직접 요인이다.주22

그리고 이 남자들은 10대 후반에서 20대 초반의 유학생인 경
우가 가장 많다. 그래서 코피노 발생 시기는 필리핀에 어학연수
붐이 일어나는 시기와 맞물려 있다. 참으로 '특수한 상황'이 아닌
가. 어학연수는 남자 여자 다 가는데, 왜 인간에 대한 예의를 넘
는 짓거리는 남자가 압도적으로 많이 하느냐 이 말이다. 그래서
Ugly Korean이라는 말이 생겼다고 하는데, 사실관계가 틀렸다.
앞으론 'Ugly Korean Male'이라 불러야 마땅하다.

공교롭게도 이들은 라이따이한의 책임을 물어야 할 이들과 정
확히 한 세대 정도 차이가 난다. 아버지의 피를 그대로 물려받은
아들답다. 도대체 '한국 남자 일부'에게는 어떤 피가 흐르고 있단
말인가. 코피노, 라이따이한 관련 글들을 찾아보다가 발견한 베
스트 댓글 하나가 울림이 크다.

좆을 좆대로 놀리면 좆 된다는 걸 보여줘야 하는데, 한국은 좆같아
서 그런 거 모르고 살아도 되더라.

수치심과 폭력을 견디며
남성이 되어가다

'애국심'이란 단어는 우리나라에서는 시도 때도 없이 남발되는 마법의 단어지만 독일에서는 그렇지 않다. 굉장히 신중히 사용되며, 때론 금기시되기도 한다. 2010년 남아공 월드컵 때였다. 독일은 아마 '거리 응원, 이대로 괜찮은가?'에 대해 토론하는 유일한 나라였을 것이다. 도심에서 자국의 대형 국기를 흔들면서 응원하는 모습이 2002년 붉은 악마의 응원에 비하면 10분의 1에도 미치지 못했는데도 독일의 지식인들은 "다시 애국심의 광기가 나타난 것이냐?"면서 우려를 표명하기에 바빴다. 한국에서 이런 거리 응원은 '다시 한국인이 뭉칠 수 있음을 확인한 계기'라는 식으로 해석되기 일쑤지만 독일은 '애국심을 바탕으로 사람들이 뭉치는 걸' 경계한다.

——— 애국심은 누구를 위한 것인가

이 차이는 바로 '홀로코스트'라는 역사적 비극을 독일이 경험했기 때문이다. 히틀러 체제에서 나치는 12년 동안(1933~1945) 600만 명이 넘는 유대인을 인종 청소라는 명목으로 죽였다. 장애인, 공산주의자들, 동성애자, 여호와의 증인 신자들 13만 명도 단지 '게르만 민족에게 해가 된다'는 어처구니없는 이유로 목숨을 잃었다. 독일은 이런 비극적인 역사를 단지 히틀러 개인의 문제로만 보지 않았고 히틀러를 열렬히 추종한 독일 사람들에게'도' 그 책임이 있음을 분명히 했다. 그래서 독일의 역사 교육은 '잘못한 것을 통렬히 반성'하는 것에 주안점을 둔다.

이것은 사람들이 '그렇게도 비참하게' 죽어가는데도 침묵했고 오히려 그런 독재정치를 자행하는 통치자에 자신들이 환호했던 부끄러운 역사를 다시는 되풀이하지 않겠다는 독일인들의 처절한 몸부림이다.

여기에는 '원래부터' 그런 '나쁜' 인간은 없다는 전제가 깔려 있다. 그래서 사회가 무엇을 개인에게 강요하는지는 중요하다.

─────── 독재의 물결은 어떻게 개인의 정신을
　　　　　지배하는가

1967년, 미국 캘리포니아 커벌리 고등학교의 역사 교사 론 존스는 나치에 관한 수업 중 학생들에게 이런 질문을 받는다.

"왜 90퍼센트의 독일 사람들이 10퍼센트 정도밖에 안 되는 나치 세력의 만행을 막지 않았을까요? 그것이 가능할까요?"

학생들은 자신이 그곳에 있었더라면 '그런 악마를 보고만 있지는 않았을 것이다'라는 투로 의문을 표했다. 그러자 존스는 인간이 '어떻게' 상황에 지배당할 수 있는지를 보여주기 위해 일주일간의 실험 수업을 진행한다. 그 과정을 영화화한 것이 바로 〈디 벨레〉(Die Welle, 2008)다. 독일어 디 벨레(Die Welle)는 영어로는 Wave, 즉 '물결'이라는 뜻이다. 영화 안에서는 학생들이 만든 단체명으로 쓰이지만, 함축적인 의미는 파편화되어 있는 개개인이 하나의 거대한 그리고 괴기한 공동체의 일원이 되어가는 과정이 마치 '물결 타듯' 자연스레 진행된다는 것이다.

그렇다면 그 과정은 어땠을까? 교사는 학생들의 책상 배열부터 바꾼다. '모든' 학생과 '한 명'의 교사가 마주보는 전형적인 그 교실 구도로 말이다. 그리고 자신에게 '존칭'을 사용하라고 한다. 또한 누군가가 의견을 말하기 위해서는 반드시 자신의 허락이 필요하다고 강조한다(어디선가 익숙한 광경이지 않은가? 한국에

서는 초등학교 입학과 동시에 경험하는 일상이 어떤 곳에서는 '실험'에
서나 등장한다). 아울러 집단을 대표할 만한 상징을 만들고 유니
폼을 입게 하며 경례 구호를 일상화한다. 물론, 이를 따르지 않는
자에게는 구성원의 자격을 박탈하고, 그에 상응하는 불이익을 반
드시 준다. 그리고 이 과정에서 교사는 끊임없이 강조한다. "규율
로부터 권력이 나온다! 이러한 통제가 전체를 위해서 좋은 것이
다!"라고. 처음에는 어색했던 교실 안 공기는 시간이 흐를수록 묘
한 동질감을 학생들에게 선사한다. 재미있는 것은 개인들 중, 사
회적 콤플렉스가 심할수록 이러한 '집단의 권위'에 주체할 수 없
는 파도처럼 휩쓸려 간다는 것이다.

이들은 생애 처음으로 집단 속에서 뿌듯함을 느끼며 더 나아
가 자신의 존재 가치를 인정해준 이 집단을 지키기 위해 평소에
는 생각지도 못했던 과감한 행동을 서슴없이 보여준다. 그리고
이 모든 것을 '공동체의 유지', '공동체의 질서'라는 이름으로 정
당화한다. 교사는 이러한 학생들의 자발적인 소속감을 바탕으로
'진정한' 우두머리로서의 권위를 부여받게 된다. 그 결과 학생들
은 교사가 시키는 것은 무엇이든지 마다하지 않는다. 그것이 '모
름지기' 인간이라면 그렇게 해야 하는 선(善)이자 도덕, 더 나아
가 정의이기 때문이다. 작은 교실 '안'에서의 독재정치, 그리고
이를 지탱하는 집단주의는 이 과정을 통해 완성된다. 사람들은
독재는 옳지 않으며 개인을 괴롭히는 집단주의를 경계해야 한다

고 쉽게 말하지만 이 같은 분위기가 파도처럼 요동치기 시작하면 그 누구도 문제를 문제라 말하지 못하게 된다.

─────── 인간이 과연 원숭이보다 진화했을까?

영화 〈엑스페리먼트〉(2001)는 필립 짐바르도 교수의 '스탠퍼드 감옥 실험'(Stanford Prison Experiment, 1971)을 다룬다. 구인 광고를 통해 실험 참여자 스물네 명을 구한 후, 한 집단에게는 교도관 역할을, 또 다른 한 집단에게는 죄수 역할을 부여한 채 모의 감옥(죄수들은 진짜 교도소로 생각) 생활을 시작한다. 물론, 참여자들은 그 이전까지 교도소 경험이 전무하다. 그런데 실험이 진행되자, 그냥 2주 동안 놀다가 집에 가면 될 사람들이 진짜 죄수처럼, 진짜 교도관처럼 행동하기 시작한다. 죄수는 '정말로 화가 나서' 반항했고 교도관은 '그 반항에 화가 나서' 강력한 통제로 맞대응한다. 실험 전에, "당신들은 죄수를 통제해야 하는 임무가 있습니다"라는 당부를 실험 주최 측으로부터 들은 교도관 지원자들은 '통제'를 외부로부터 공식적으로 부여받은 역할이라고 생각하고 이를 가능하게 하는 모든 수단을 고안해낸다.

그것들은 일시적인 효과를 내기에는 좋았지만 매우 비인간적인 처사들이었다. 소화기를 뿌리고 옷을 벗겨 수치심을 자극한다. 화장실 청소를 시키고 서로를 이간질시킨다. 이 과정을 거치면서 죄수 역할을 맡은 실험 참여자들은 '두려움에 가득 찬 온순한 양'으로 변해버리고 만다. 이와 비례하여 간수 역할을 맡은 참여자들은 서로가 생전 처음 보는 사람들이지만, 자신들 덕에 교도소의 '질서'가 유지된다는 자부심을 공유하면서 서로 간의 결속력을 높여간다.

이 과정에서 교도관들이 죄수들에게 성적 학대를 하는 등 상황이 심각해지자 결국 6일 만에 실험은 중단된다(영화는 실험이 중단되지 않고 극단으로 치닫게 설정돼 있다). 이 영화의 할리우드 리메이크판(2010)은 모의 감옥으로 이동하는 실험 참가자들이 '인간이 과연 원숭이보다 진화했을까?'라는 논쟁을 하면서 시작된다. 그리고 실험이 처참하게 종료된 후, "이래도 인간이 원숭이보다 더 진화했다고 생각해?"라는 죄수 역할 참가자의 말이 진하게 울려 퍼진다. 인간은 '잘못된 상황'에 처하면 그리 어렵지 않게 동물보다 못한 존재가 되는 것이다.

─────── 폭력에 둔감한 것이 진짜 남자인가?

영화 〈디 벨레〉와 〈엑스페리먼트〉는 한국 남자들을 더욱 심오하게 이해할 수 있는 도구이다. 그리고 그와 동시에 그들을 '진정으로 위하는' 도구가 될 수도 있다. 나는 남자들이 (흔히들 말하는 것처럼) 태어날 때부터 '그런 존재'라고 결코 생각하지 않는다. 설사 생물학적인 '고유한' 특징이 있다 하더라도 그것이 '사회를 살아가는' 인간의 존재 이유를 훼손시켜서는 안 된다. '원래의 모습'이 무엇인들, 그것이 다른 사회 구성원에게 피해를 주는 것이라면 당연히 본능을 억제해야 하고 여기에 성별 변수가 예외적 조항이 될 수 없다. 남자와 여자가 태초부터 구분되는 것은 생식기의 차이 그리고 남자가 여자에 비해 물리력이 강할 확률이 높다는 것뿐이다. 그런데 이 태초의 차이를 태초 이후의 차이로 확장하여, 모름지기 남자라면 다 그런 것이라고 당당하게 외칠 수 있는 것은 한국에서 더 유별나게 나타나는 현상이다.

한국 남자들이 신의 특별한 선택을 받은 것도 아닐 것인데, 원래부터 유전자가 '그딴 식으로' 만들어졌을 리는 없지 않은가. 그렇다면 어떤 '외부 조건'들을 경험하면서 '물결치듯이' 남자에서 남성으로 변한 걸까? 사람마다 약간은 다르겠지만 한국 사회에서 남자들은 '폭력을 참아가면서', '수치심을 느끼면서' 남성이 되어간다. 그래서 한국에서 말하는 '진짜 남자'는 폭력에 둔감하다. 둔감하다는 것은 쌍방향이다. 폭력을 당해도 당하는 줄 모르고, 저질러도 그게 자꾸만 폭력이 아니라 한다. 특히, 남성들 개개인이 성별에 따른 정체성을 내면화하지 않도록 교육해야 하는 학교가 이 현상을 더욱 부추기는 경향이 있다. 학교라는 집단

생활을 하면서 한국 남자들은 더욱더 남성 정체성을 고착화하게 된다.

수능 시험에 나오지 않아도 가장 '완벽하게' 교육되는 것이 바로 이 성별 정체성이다. 남자는 '남자다움'을 여자는 '여자다움'을 강요받는다. 그 평균치에 미달하면 그건 '개성'이 아니라 '비정상'이 된다.

중학교 1학년 때, 당시 체육을 담당했던 ㄱ교사는 신체검사를 빙자한 '성기 콘테스트'를 즐겼다. 열세 살에서 열네 살의 아이들, 바로 신체의 2차 성징이 나타나는 시기가 아닌가. 그만큼 예민한 시기지만 씨름 선수 출신인 ㄱ교사는 '그래서' 배려해야 한다는 상식 자체가 없었다. 지금이라면 '변태', '소아성애자'로 찍혀 쇠고랑을 차도 부족하겠지만 '모두가 무지했기에' 그는 서슴없었다. 인권이라는 개념이 전혀 없었던 그는 모든 학생들의 팬티를 일일이 벗겨 주물럭거렸다. 그리고 이미 '어른'(?)이 된 한 친구를 책상 위에 올라가라 하더니 팬티를 내려 '묵직한 남근'을 공개하도록 한다. 그러고는 다른 학생들을 향해 "부럽지? 이게 진짜 남자 아니겠어? 너희들도 조금 있으면 이렇게 된다. 걱정마라!"는 훈계를 빼먹지 않는다. 엄청난 폭력이 폭력이 아닌 것처럼 희석되어버리는 순간이었다.

고등학교 1학년 때. 담임교사 K는 개학 첫날에 1분 지각했다는 이유로 나에게 풀스윙 매질 30대를 날렸다. 참을 수 없는 고통과 수치심을 느끼는 건 당연했다. 그런데 신기한 것은 첫날에 '확실하게 맞아주니', 그리고 나름 '잘 참으니까' 나에게는 이전까지는 없었던 캐릭터 하나가 생기게 되었다. 주변에서 "저 자식, 생긴 것하고는 다르게 남자답더라"는 응원의 목소리가 들리기 시작했던 것이다. 심지어 폭력을 행사한 K도 그 후 체벌할 일이 있을 때면 "너는 진짜 남자니까 더 맞아도 되지?"라면서 폭력을 유머로 승화(?)시키는 재주도 발휘했다. 나는 '더' 고통스러웠지만, 분위기상 고통을 표현할 수 없었다. 나는 진짜 남자니까.

——— 자본가가 부려먹기에 최적화된 노동력

이렇게 사회화된 남자들은 성인이 된 후 대학에, 군대에, 직장에 모인다. 태초에는 평범했던 남자들이 한국 사회 안에서, '한국의 문화'라는 이름으로 둔갑한 비상식적인 폭력들을 자연스레 접하고 그 안에서 호흡하다 보니, 어느새 파도가 되듯 '어떤 남자'로 변해, 자신이 '당했던' 폭력을 또 다른 누군가에게 행사하게 된다. 그럴수록 "남자답게 잘 컸다"는 소리를 들으니 자신이 소속된 사회가 군사 문화로 점철되어 있다고는 딱히 생각조차 하지 않게 된다. 그러니 사회가 제공한 고정적인 틀 안에서 자신은 톱니바퀴가 되어 살아간다. 이곳에서는 힘든 것을 '개선하는 것'이 아니라 '버텨낼수록' 카리스마 있는 남자가 된다.

'사람'이 사회화되어 가는 과정에서 하나의 성별 정체성이라는 '틀'에 고착화되는 모습은 마치 돼지가 '스톨'이라는 철제 공간에 갇혀 평생 뒤돌아보지도 못하고 살만 찌우면서 갇혀 사는 것과 흡사하다. 돼지의 몸이 '빨리', 그리고 '좀 더 기름지게' 커질수록 남는 장사인 것처럼 성별 정체성의 규격화도 기업의 입장에서는 엄청 좋아할 일이다. 그래서 해외 학자들은 아시아 국가들 중에서 한국의 자본주의가 유독 가파르게 성장한 이유로 (군부독재 외에도) '남자들의 사고방식'을 손꼽는다. 한국의 남자들은 '자본주의 노동 세계'에 본격적으로 발을 딛기도 전에 학교와 군대에서 이미 자본가가 '부려먹기에' 최적화된다는 말이다. 즉 한국의 남자는 어떤 사회에나 있는 남자와는 '다른' 남자다. 그러니 '원래' 그런 남자는 없다.

남자는 왜 쓸데없이
당당해서 화를 자초할까?

한국 사회에서 남자가 어떠한지를 잘 보여주는 드라마의 한 장면이다.[주23] 여기에는 한국 사회의 모습이 생생하게 들어 있다. 백화점 입구, 30대 중반으로 보이는 남자가 담배를 피우고 있다. 20대 후반의 젊은 여자가 이를 보고 말을 건다.

여자   죄송하지만, 여기서 담배 피우시면 안 되거든요.

흡연남   뭐? (아주 어처구니없다는 표정을 지으며) 내 담배 내가 피우겠다는데 아가씨가 뭔 상관이야?

여자   여긴 공공장소고 저기 보시다시피 금연 구역이거든요. 무엇보다도 저기 아이들도 있고 본인의 건강도 지키셔야지요.

흡연남　우와, 오늘 재수 왜 이러냐? (여자를 때리려는 포즈로 겁을 주면서) 저리 안 가!

여자　(움찔하면서) 너무하시네요. 다른 사람들에게 피해를 주고 있으면서 왜 이리 당당하세요?

흡연남　(여자를 때리기 위해 손을 들면서) 뭐? 이 아가씨가 근데 확! (이때, 아주 잘생기고 범접할 수 없는 포스를 지닌 한 남자가 등장하며 흡연남의 손을 낚아챈다.)

훈남　본인이 잘못한 거 알죠? 사과할 겁니까? 그럼 놓아주고.

흡연남　(정말 아파하면서) 합니다, 한다고. (그러면서 여자를 바라보며 불쌍한 표정으로) 미안합니다. 죄송합니다.

──── 민폐를 끼치는 사람들은 누구인가?

공공장소에서 타인에게 민폐를 끼치면서 흡연을 하는 사람들이 꼭 있다. 따져볼 것도 없이 잘못된 행동이다. 물론 '그' 사람의 인성 문제다. 그런데 '그' 사람의 성별이 대개 남자라면 우리는 무엇을 논의해야 할까? 이렇게 말하면 분명 "여자도 그런 경우 있어! 내가 봤다니까!"라고 주장하는 사람이 나오게 마련이다. 만약 당신이 그런 사람이라면 딱 하루만 세어봐라. 여자의 경우는 일상적으로 그렇게 행동하는 남자의 경우에 10분의 1에도 미치지 못할 것이다. 즉, '실외라면' 다른 사람 고려하지 않고 흡연을 해도 된다고 착각하는 사람의 대다수는 남자다. 그러니 이 문제는 '어떤 인간'의 문제가 아니라 '한국 남자'의 문제다.

'한국 남자'가 보여주는 문제는 심각하다. 이들은 자신의 '명백한 가해 행위'를 지적하는 피해자에게 기껏 '반론'이라고 한다는 말이 "내 돈 주고 내가 피우는 담배, 왜 지랄이야?"의 수준을 벗어나지 못한다. 이성적 논리가 완전히 마비된 상태라는 것을 적나라하게 증명하는 대사가 아닐 수 없다. 자신이 기호품을 '정당하게 구매'했다고 해서 그것이 '남이 피해를 보든 말든 마음껏 사용해도 된다는' 뜻이 아니라는 것은 상식이다.

콘돔을 편의점에서 제 돈 주고 구입해도 아무 곳에서나 섹스할 수 없고 스피커를 '비싸게 샀다고' 동네가 떠들썩할 정도로 볼륨을 키울 수는 없지 않은가? 이런 상식을 남자들이 모른다고 결코 생각하지 않는다. 문제는 '자신보다 어려 보이는 여자'가 문제를 제기했다는 것일 터. 여자가 항의한 내용이 정당한지 아닌지는 중요하지 않다. 여기서 중요한 것은 '누가 항의했느냐'이기 때문이다. 참 우습지 않은가.

물론, 이것도 예의 없는 일부 '이상한 개인'의 문제라 말할 수도 있겠다. 하지만 그러기에는 남녀 비율의 차이가 턱없이 편향적이다. 타인에게 담배 연기라는 고통을 내뿜으며 흡연을 하는 여자가 얼마나 드문가. 실제로 여자들은 실외에서 흡연을 하더라도 '흡연이 허용된 공간'을 벗어나지 않는 경우가 많다. 어찌 되었건 '이상한 사람들'의 대부분은 '남자'인 것이 현실이다. 포스가 강한 훈남이 힘으로 제압하자 일순간에 '자신의 거침없었던 논리'를 반성하는 것 역시 한국 남자의 단면을 그대로 보여준다. 만약 본인이 정당하다고 생각하면 '닭의 모가지를 비틀어도 새벽은 온다!'고 외쳐야 하는 거 아닌가. 처음부터 '힘의 논리'로 제압하려고 했으니, '더 큰 힘'을 만났을 때 제압당하는 것이 어쩌면 당연하다. '여자를 얕보는 것'으로부터 출발한 상황에서 '논리'가 어디 있겠는가.

——— 운전 중 창문 내리고 욕하는 건
          99퍼센트가 남자

이것이 단지 드라마에만 등장하는 일일까? 좀 과장된 주장이 아니냐고 생각하는 사람들에게 내 경험담을 들려주고 싶다.

대형 마트 주차장에서 화살표 표시가 헷갈려서 진입 금지인 길로 들어선 적이 있었다. 주차 구역마다 들어오려는 차와 나가려는 차가 얽히지 않기 위한 조치인데, 차들이 많을 때는 주차 공간을 찾지 못한 차들이 하염없이 빙빙 돌기만 하다가 의도치 않게 실수를 하게 된다.

도로교통법의 제약을 받는 곳이 아니니 문제가 되는 것도 아니고, 누구나 상식선에서 "어구, 저 차 실수했네" 정도로 이해하고 넘어가니 운전자들끼리 싸움도 일어나지 않는다. 실수를 한 차량은 '사람 다치지 않는 걸' 최우선으로 생각해서 '조심스럽게' 얼른 공간을 빠져나가면 된다.

그날 내가 그런 실수를 했다. 우왕좌왕하는 내 차 앞에는 쇼핑을 마친 일가족이 자기 차를 향해 걷고 있었다. 나는 당연히 이들로부터 멀리 떨어진 상태에서 조금씩 조금씩 차를 몰았다. 내가 역주행을 하고 있으니(정주행이라고 하더라도!) 이들에게 '비켜라!'는 어떤 신호도 보낼 생각이 없었다. 그런데 그 가족의 가장으로 보이는 30대 후반의 남자가 자꾸만 내 차를 째려봤다. 내가 그 어떤 위협적인 제스처를 취하고 있지도 않았는데 말이다. 그러더니 급기야 그는 욕설 비슷한 말을 계속 내뱉고 있었다. 내가 조심조심 그의 곁을 지나가자 그 남자는 '분명히 나 들으라는' 정도의 크기로 말했다.

"미친년. 일방통행도 모르고 지랄이야!"

이게 뭐지? 미친년? 난 남자인데……. 그러니까 지금 저 사람은 이 차의 운전사가 '여자'라는 걸로 확신하고 그런 '욕설'을 내뱉었다 그 말인가? 아, '빨간색 마티즈'를 타면서 도대체 이런 경우가 몇 번째인가. 나는 차에서 내렸다.

나 아저씨! 지금 뭐라고 하셨어요?

남자 예? 뭐요?

나 지금 나보고 '미친년'이라고 했잖아요!

남자 아니 그건 운전자가 여자인 줄 알고.

나 네? 그럼 내가 여자면 미친년이라고 해도 돼요?

남자 아니, 여기가 이쪽으로 차가 지나가야 하는데, 왜 저쪽에서 차를 모는데요?

나 실수로 그랬잖아요. 저도 미안해서 아저씨 피해 안 드리려고 뒤에서 조심하며 운행했는데 왜 계속 째려보고 욕을 해요?

남자 어쨌든 서로 잘못했잖아요. 그만하죠.

나 아저씨, 지금 사태 파악이 안 되시는 모양인데요. 제가 이 주행 방향을 어긴 것은 어긴 거고요. 그렇다고 아저씨가 나한테 계속 욕할 권리는 없다는 거예요. 아시겠어요? 우리 시끄럽게 하지 말고 경찰 불러요. 나는 이 마트의 규정에 따라 처벌받을 테니까, 아저씨는 지나가는 시민에게 '욕설한 죄'에 따라 처벌받으세요. 아니면 나보고 미친년이라고 한 거 사과하시든가.

남자 (아주 못마땅한 표정으로) 알았어요. 미안해요. 됐죠? 그만합시다.

그 남자는 '드라마 속 그 남자'와 닮았다. '사람에게' 욕설을 할 정도로 화가 났다면, 경찰서든 법원이든 '끝까지 가도 괜찮을 정도로' 확신이 있어야 하지 않겠는가. 하지만 자신의 주장을 '공적인 기관'에서 평가해보자고 하는 순간 상황은 종료되어 버린다. 애초에 '논리'가 없었기 때문이다. 물론 '모든 남자'가 이러는 것은 절대 아니다. '아닌 남자'가 훨씬 많다. 하지만 우리 주변에서 '쓸데없이 당당한 사람'의 대부분은 남자다. 운전 중에 상대 차량 옆에 바짝 붙어 창문을 열고 욕하는 사람이 있다. 누군가 잘못을 했으니 자신이 "미친 새끼야!"라고 하는 것이 뭐가 문제냐고 생각하는 모양이다. 99퍼센트가 남자다(괜히 『남자들은 자꾸 나를 가르치려 든다』는 책이 히트를 쳤겠는가!). 그리고 이들 중 대부분이 별 일 없이 무사하다. '화를 자초한 결과'로 마무리되는 경우는 별로 없다. 드라마 속에서처럼 '예기치 않은 더 강한 상대'를 만났거나 아니면 내가 겪은 일처럼 '상대의 성별 파악 오류'라는 결정적인 실수를 했을 때에만 가능하다. 혹은 CCTV나 카메라 촬영 등으로 운 좋게 증거가 있을 때만이 '정의'가 실현되어 응분의 대가를 치른다(그것도 한참 시간이 지나서야).

대개의 경우에는 '쓸데없이 당당한 남자들 때문에' 화를 입는 건 여자들이다. 그렇기 때문에 "한쪽은 폭력을 피하도록 길러지고 다른 한쪽은 폭력이 폭력인 줄 모르게 길러진다."[주24] 오죽했으면 자동차 '블랙박스' 광고에서 "남자들이 자기가 잘못해놓고도 다짜고짜 소리 지르는 경우 보셨죠? 그래서 여성 운전자들에게는 이런 카메라가 필수죠"와 같은 멘트가 등장할까.

초등학교 여교사가
신붓감 1순위인 것은 사실이잖아요!

박사과정 공부를 할 때니 10년도 더 된 일이다. 이화여대에 가서 강의를 들은 적이 있었다. 딱히 다른 뜻이 있어서는 아니고 그렇지 않고서는 학점을 채우는 것이 버거웠기 때문이다. 사회학과는 워낙 인기가 없는 학문이라 대학원 과목이 다양하게 개설되지 않는다. 특히 박사과정은 더 심각했다. 그 덕에(?) 학교 간 학점 교류가 활발하다. 그래서 일주일에 한 번 이화여대로 향했다. 강의의 구성원은 이랬다. 나와 같은 타 학교 학생이 네 명이었고 이화여대 대학원생이 여덟 명이었다. 사회학과 네 명, 그리고 여성학과 네 명이었다. 교수는 의무적으로 '말'을 하라고 강요했다. 시작 인사도 무조건 한 마디를 해야 했고 읽고 와야 될 논문들에 대해서도 모두가 감상평을 말해야 했다. 토론도 마찬가지였다. 한번은 시계 방향으로, 한번은 반시계 방향으로 돌아가면서 자기 차례가 오면 무슨 말이라도 해야 했다. 교수는 최대한 개입을 자제했고 논쟁에 불이 붙으면 약간의 교통정리를 해주는 것이 전부였다. 그래서 이 강의는 늘 '말들의 잔치'였다. 끝없이 '어떤' 말을 해야 하니 때로는 '깊이 있게 생각하지 않은' 말들도 무의식적으로 튀어나오게 마련이었다. 나 역시 어찌 보면 내 의식을 지배하고 있던 속마음을 내뱉고 말았다.

——— '내가 무엇을 잘못했는지' 알게 된다는 것

그날의 주제는 '여성과 노동'이었다. 여성이 자본주의 노동시장에서 어떤 차별을 받아왔고 이를 개선하기 위해서 어떤 정책들이 필요한지를 확인하는 시간이었다. 특히나 같은 자본주의지만 '더' 유별난 자본주의 사회라 할 수 있는 한국 사회의 여성 차별 문제에 공감하는 것이 중요한 강의 내용이었다.

'사회학'이라는 학문적 특징 그리고 '여대'라는 공간적 특수성, 게다가 '여성학 전공자'들도 있어서인지 논의는 일방적이었다. 많은 학생들이 자본주의 사회에서 차별받는 여성들에게 공감을 표했고 (격한 표현을 쓰자면) 입에 거품을 물고 한국 사회의 '남성 중심' 노동시장을 신랄하게 비판했다. 그렇게 열한 명이 '같은' 이야기를 하니 나는 무엇인가 '다른' 이야기를 해야 한다는 압박감을 받았다. 그래서 내 차례가 오자, 나는 이렇게 '아무 생각 없이' 말했다.

"뭐, 그래도 여성 차별, 여성 차별 그러지만 어쨌든 초등학교 여교사가 신붓감 1순위 아닙니까?"

지금 생각해도 이 말이 그때 '여성과 노동'이라는 강의와 무슨 연관이 있는지 모르겠지만 나는 당당했고 한 치의 망설임이 없었다. 아마, 그날의 토론이 본능적으로 불편했나 보다. 모두가 '여성들은 불평등한 대우를 받고 있다!'고 일방적으로 외치는 것에 '꼭 그런 것만은 아니지 않은가'라는 맥락을 전달하기 위해 엉뚱한 말을 '굳이' 했으니 말이다. 아니, 더 솔직히 말하자면 엉뚱한지도 몰랐다. 오히려 "1등 신붓감은 예쁜 여자 선생님, 2등 신붓감은 못생긴 여자 선생님, 3등 신붓감은 이혼한 여자 선생님, 4등 신붓감은 애 딸린 여자 선생님"[주25]이라는 시중에 떠도는 전문을 다 사용하지 않으면서 나름대로 배려심을 발휘했다고 자부했다.

쓸데없이 당당하면 화를 자초하게 된다. 만약 다른 곳에서 내가 동일한 반응을 했다면 그 '화'가 내게 미치는 시간이 조금 걸렸을 수도 있지만 '여성학 박사과정' 학생들과 함께 강의를 듣는 '이화여대'에서는 달랐다. 저 말을 내뱉는 순간 강의실 분위기는 한순간에 썰렁해졌다. 다만 '나만' 그 이유를 알지 못했을 뿐이다. 나와 함께 강의를 들으러 간 친구들은 고개를 푹 숙이고 '이제 사달이 났다'는 표정을 지었다. 이화여대 사회학과 분들은 몹시 불쾌하다는 표정으로 나를 쳐다봤다. 그리고 여성학과 분들은 '극도로' 불쾌하다는 표정으로 나를 째려봤다. 그리고 나는 여전히 당당했다. 잘못한 것이 없는데 뭐가 문제냐는 표정으로 결국 "제가 틀린 말이라도 했나요?"라는 말까지 내뱉었다. 그때 누군가의 한숨과 동시에 연필이 책상에 강하게 내리꽂히는 소리가 들렸다. 그리고 다음과 같은 말이 강의실에 순식간에 울려 퍼졌다.

사회학 공부한다는 사람이 지금 그걸 말이라고 하시는 거예요? 그래서 뭐 어쨌다는 거죠? 초등학교 여교사가 신붓감 1순위니까 여자는 뭐 사회적으로 혜택이라도 받고 있다는 말인가요? 그게 바로 고질적인 한국의 문제잖아요. 한국에서 남자들이 얼마나 지배적으로 여자의 노동을 규제하고 있는지를 단적으로 드러내는 설문 조사와 그 결과를 마치 합리적인 것마냥 소개를 하면 어떡해요? 이건 뭐, 직장에서 여자들보고 회식 끝까지 안 남았다고 뭐라고 그러다가 또 그런 여자를 죽어도 '아내'로는 맞이할 수 없다면서 뒤통수치는 남자랑 마찬가지잖아요.

그때까지만 해도 나는 분위기 파악을 못 해서 발끈하고 싶었다. 다행히 교수가 '중재를 해서' (아마 그러지 않았으면 내가 매장 당할 거라 판단했을 것이다) 논쟁은 더 이상 번지지 않았다. 강의가 끝나자 다들 '오늘 정말 어이없는 소리를 들었다'는 식의 표정으로 보통 때보다 훨씬 빨리 강의실에서 나가버린다. 꼴 보기 싫은 누군가가 있어서 그러는 것 같았다. 친구와 함께 길을 나섰다. 학교를 나오면서 나는 '내가 무엇을 잘못했는지'를 물었고 그때서야 내 생각이 터무니없이 짧았다는 것을 이해하게 되었다. 물론 이 상식은 누구든지 알 만한 이야기다. 다만 '대구에서 태어나서 자란 남자인' 내가 몰랐을 뿐이다.

———— 취향 속에 숨어 있는 권력의 메커니즘

남자만의 '벌이'로 가족의 생계가 안정적일 수 없는 시대가 오면서 '맞벌이'는 시대적 흐름이 되었다. 남자들은 '아내가 돈도 벌어주길' 원한다. 여기서 중요한 것은 돈'도'다. 즉 원래의 일은 그대로 유지되어야 한다는 단서가 있다. 일을 한다는 핑계(?)로 '집안일'을 소홀히 해서는 절대로 안 된다. 이는 육아 등은 물론이고 '남자가 늦은 저녁에 퇴근해서 왔을 때' 뚝배기에서 된장찌개가 뽀글뽀글 끓고 있어야 한다는 의미이다. 출근하기 전에 '반드시' 밥을 먹어야 하는데, '국'이 빠져서는 안 되는 것도 당연하다. 이런 남자, 아내가 될 사람에게 이렇게 말한다.

"그런데 너 결혼하면 집에 일찍 들어올 거지? 난 회식한다고 밤늦게까지 술 마시고 다니는 꼴은 못 봐."

그래서 일은 하지만 '원래의 집안일'에 타격을 가장 적게 받는 직업이 좋다. 그러니 초등학교 교사는 최고다. 퇴근도 정시가 보장되고 무엇보다 '방학'도 있지 않은가. 조주은의 『페미니스트라는 낙인』(2007, 민연)을 보면 이 지점이 잘 표현되어 있다. 조주은은 남자들이 초등학교 여교사를 배우자로 선호하는 것에는 "자신을 대신해 가족을 먹여 살릴 수 있는 여교사는 남성들에게 흔들리는 남성 가장의 정체성을 보완해주면서 집안일, 보살핌 노동까지 담당할 거라는 기대 때문에 매력적으로 보이지 않을 수 없다"(162p)면서 이것은 "결혼으로 구성되는 가족 안에서 여성들의 노동력을 안팎으로 착취하며 남성 권위를 유지시키고자 하는 의도"(161p)라고 지적한다.

신붓감 1순위 에피소드는 나에게 신선한 충격을 안겨주었다. 개인적 기호와 취향의 문제라 생각했지만 사실 사회적 권력의 메커니즘이 이 안에 숨어 있었던 것이다. 나는 '사회학을 공부하면서도' 이것을 자각하지 못했던 것이다.

이렇듯 한국 사회에서 자연스럽게 '남자로' 산다는 것은 무서운 일이다. 나는 그냥 자연스럽게 물결치듯이 한국의 남자로 살았을 뿐이었기에, '이런 논리가 그런 곳에서 통할까에 대한 고민

없이' 말을 내뱉고 말았던 것이다. 이 이야기를 직장 생활을 하는 평범한 친구에게 한 적이 있었다. 내가 이화여대에 가서 여교사 신붓감 어쩌고 말을 하다가 완전 망신을 당했다고 이야기하자 그 친구는 도통 '왜 그게 문제가 되는지' 모르겠다는 표정을 짓는다. 그날 강의실에서 보였던 나의 표정과 같아 보였다.

그래서 나는 "거기 이화여대잖아. 그리고 여성학 공부하는 사람들도 많았고. 그런 곳에서 여교사가 신붓감 1순위라고 말하면서 마치 여성들은 직업 선택에 따라 굉장한 배려를 받는다는 식으로 말했는데 문제가 안 되겠어?"라고 친구를 다그쳤다. 친구는 여전히 의아하다는 표정이다. 곰곰이 생각한 그는 이렇게 말한다. "왜? 초등학교 여교사가 신붓감 1순위가 아니었어? 그럼 뭐지? 은행원인가? 아닌데, 은행원은 야근 많이 한다고 내 친구들이 별로 안 좋아하는 것 같던데……." 자, 남자들의 뇌 구조는 이렇다.

누가 '김 여사'의 운전을
욕하는가

'개저씨'들이 아무리 많다 한들, 하루가 멀다 하고 여성을 살해 · 폭
행하는 남성이 뉴스에 등장한들, 불균형한 젠더 권력 속에서 이것
은 '비난받아 마땅한 남성들의 속성'으로 잡히지 않는다.[주26]

인터넷 커뮤니티에 한 장의 사진이 올라왔다. 대전역 앞에 누
가 '무개념 주차'를 해서 다른 차들의 정상적인 이동이 어렵다는
내용이었다. 네티즌들은 즉각적으로 '흥분'했고 '운전자의 성별'
을 단호하게 추론하여 '운전자는 100퍼센트 여자'라고 확신했다.
댓글들은 '김 여사 또 나타나셨네', '운전 못하는 여자들 때문에
정말 화가 난다'와 같은 내용으로 넘쳐났다. 그리고 현장에 출동

한 경찰은 '확인 결과 차주는 남자분'이었다고 사건을 정리한다. 하지만 네티즌들은 물러나지 않는다. '차주는 남자고 운전은 여자가 했을 것이다'와 같은 이야기로 들끓었고, '어쨌든 평소에 운전 못하는 김 여사들 때문에 속에 천불이 나는 경우가 많았다. 그러니 충분히 그렇게 생각할 수 있는 거 아니냐!' 같은 변론만이 난무했다.

─────── 운전이 미숙하면 조롱과 멸시가 타당한가

여자가 운전을 못할 때 종종, 아니 보편적으로 사용되는 '김 여사' 이미지는 남자들의 대표적인 일그러진 자화상이다. '구글' 이미지에 '김 여사'를 검색해보라. 여성 운전자를 조롱하는 무수한 사진들이 이를 증명할 것이다(사실 이 중 다수가 '합성사진'이며, 운전자의 성별이 확인되지 않은 경우가 대다수다).

당연히 이 이미지들은 '왜곡된' 사회적 산물이다. 강인규 교수는 『망가뜨린 것 모른 척한 것 바꿔야 할 것 : 한국 사회의 변화를 갈망하는 당신에게』(2012, 오마이북)에서 이것을 '김 여사 조롱하는 비겁한 사회'(81~83p)라 일갈한다. 교통사고가 났을 때, 운전자의 성별에 따라 언론의 보도 형태는 완전히 다르다. 운전자가 여성일 경우, "현금 수송차 들이받은 '김 여사', 가만히 있는 차를 왜?"라는 제목으로 보도가 되며, 기사 내용에도 '운전자는 50대 여성이었습니다'라는 식으로 운전자 성별을 포함시킨다. 하지만 운전자가 남성인 경우는 다르다. "일가족 참변, 가해 운전자 '만취'"라는 기사에는 운전자 성별이 언급되지 않는다. 내용에도 '가해 차량의 운전자는 만취 상태였습니다'라고 밝혀 이 사고가 '성별' 때문이 아니라, '술' 때문이라는 느낌이 들게 명시한다. 이런 차별적 보도는 '여성 운전자는 운전이 미숙하다는 이미지'를 만들어내고 나아가 '그러니 욕먹어도 된다'는 차별을 이끌어낸다.

여자가 운전하는 것을 비하하는 '김 여사' 이미지가 문제가 되자 '실제로는 그렇지 않은데' 남자들이 고정관념을 가지고 있다는 논리로 주장을 펴는 경우를 종종 본다.

각종 통계 자료를 통해 남자 운전자가 오히려 '사고 비율이 높다'는 식으로 반론을 펴는 경우가 일반적인데 이는 본질에서 어긋난 논쟁이다. 왜냐하면 어떤 통계 자료를 봐도 '여자 운전자가 사고 낼 확률'은 높게 나오기 때문에 결국에는 '어쨌든 남자가 운전을 잘하는 편이다'라는 결론이 등장하기 때문이다.

물론 남녀의 교통사고 횟수는 연간 여성 0.18회, 남성 0.13회로 그렇게 크지 않다(2011, 보험연구원 조사 자료). 하지만 이 수치를 '실제 운전 거리'와 비교하면 '운전대를 잡았을 때' 사고를 낼 가능성은 여자 쪽이 더 높아진다. 평균 주행거리가 남자(16701km)가 여자(12184km)에 비해 많으니 여자 운전자는 남자보다 '짧은 거리'를 운전하고도 사고는 빈번한 셈이다. 특히, '김 여사'로 대변되는 주부 운전자는 연 주행거리가 9572km로 가장 짧고 사고 발생 횟수는 0.22회로 가장 높다. 한 방송에서는 실제로 실험을 통해 '주차를 할 때' 공간지각 능력이 여자가 남자에 비해 낮다는 것을 증명하기도 한다. 미시간 대학의 경우 평균 신장이 작은 여성이 시야 확보, 공간 인지가 부족하다는 연구를 발표하기도 했다. 영국에서는 운전면허시험에서 여자 응시생이 합격하는 경우가 남자에 비해 열일곱 살의 경우 7퍼센트, 스무 살은 15퍼센트, 서른 살은 41퍼센트, 쉰 살은 50퍼센트나 낮게 나왔다.

그러니 '사고 확률'을 가지고 논의를 하는 건 오히려 남자들에게 유리한 증거 자료를 제시하는 꼴이 된다. 생물학적인 이유도 있을 것이고 아니면 '운전을 못할 것이다'라는 주변의 압박에 정말로 운전 역량이 낮아졌을 수도 있겠지만 결론은 '큰 차이는 아니지만' 어쨌든 남자와 여자의 운전 평균 실력의 차이는 존재하는 셈이다.

앞서 언급했듯이 이것은 중요치 않다. 우리가 던질 질문은 단 하나다. 그래서 어쩌란 말인가? 여성의 운전 실력이 '평균적으로 남성보다 낮으니' 그런 식의 조롱과 멸시가 타당하단 말인가? 운전을 '짜증 나게 하는 사람'을 그렇게 대해도 된다는 말인가? 그럼 남성은 운전을 '평균적으로 여성들보다는 잘하니' 동일한 경우에도 욕을 먹지 말아야 한다는 말인가? 이 질문은 찬반 토론할 성질이 아니다. 우리는 헌법의 가치로 일상이 통제되는 '2016년도의 민주 공화국'에서 살고 있다. 복잡한 지하철에서 누가 나의 발을 '실수로' 밟았다고 해서 "나도 너의 발을 밟아주마!"라면서 '고의로' 그딴 행동을 한다면 당연히 '처벌'을 받아야 한다. 이건 상식이다. 여자가 운전을 '조금 못한다면' 그건 말 그대로 그런 거다. 또한 이것은 모든 여자들이 그렇다는 것을 의미하지도 않고 모든 남자들이 그렇지 않다는 것을 의미하지도 않는다. 그러니 도로에서 우연히 만나게 되는 '어떤 운전 미숙자 때문에 자신이 피해를 받을 때'는 그 운전자의 성별을 따지는 것이 중요한 게 아니라 그저 '배려'하는 것만이 필요한 것이다. 그건 운전대를 잡는 '모든 사람'이 고려해야 하는 시민의 덕목이다. 왜냐하면 '운전의 달인'만이 자동차를 이용할 수는 없기 때문이다.

현대사회에서 자동차가 개인에게 매우 중요한 이동 수단이 된 이상, 자동차는 '이를 이용 시 타인의 생명을 위협할 수도 있는' 경우가 아니라면 '모든 사람'이 평등하게 사용할 수 있어야 한다. 그래서 기본적인 조작을 할 수 있는 '나이'를 고려하고, 사물을 제대로 인지할 수 있는지 '시각 테스트'를 하고 큰 위험을 야기할 수 있는 '음주 운전'을 엄격히 단속하여 '운전할 자유'를 제한할 뿐이다. '운전 실력이 월등하지 못해도' 최소한의 기준만 통과하면 면허증을 취득하는 것이 현실이다. 그 때문에 운전 실력이 미숙한 사람이 문제를 일으킬 확률도 존재할 수밖에 없다. 그렇기 때문에 보험 제도를 잘 만들고 도로공학을 좀 더 운전자 친화적으로 설계하여 '그런 사람들도' 운전을 잘할 수 있도록 유도하는 것이 이 사회가 지향해야 할 당연한 가치다.

———— 이유는 여자가 만만하기 때문

우리는 '카 레이서'가 되려고 운전을 하는 게 아니다. 어디론가 이동할 때 '자동차를 이용하면' 편리하기 때문에 사용할 뿐이다. 그런데 단지 사고 빈도가 높다고 해서 여성이 남성보다 운전을 못하는 것일까? 한국 사회에서는 좁은 공간에 '기가 막히게' 주차하는 것을 운전 '잘'하는 것으로 보지만 정말로 '모범 운전'이라는 것은 이 기계를 '흉기'로 사용하지 않는 자세 아닐까?

그렇다면 남자들이 운전을 하다가 사고를 일으킬 확률은 낮지만 그 사고에서 '다치거나 죽을' 확률이 높다는 것은 어떤 의미일까? 교통사고로 발생하는 부상자가 남자인 경우는 여자의 4배, 사망자는 남자가 여자의 16배라고 한다. 비록 '주차조차 제대로 못하는' 경우는 여자가 많을지 모르겠으나 남의 생명을 앗아갈 정도로 '과속', '신호 위반', '전방 부주의' 등을 일삼는 경우는 남자가 훨씬 높다는 것이다. 남자들은 개인의 의지라고 할 수 있는

'조심성'이 부족해서 고작 운전하다가 목숨을 내놓기까지 한다. 도대체 누가 운전을 정말로 못하는 것일까? (물론 이 수치는 교통 사고 발생 시 가해 차량, 피해 차량 모두에서 발생하는 부상자/사망자의 성별을 파악한 것임을 분명하게 밝힌다. 다만 도로의 운전자 중 남자가 여자에 비해 1.5배 정도 많은 것을 볼 때, 언급된 4배, 16배라는 수치에서 '남자 운전자들이 과격한 사고를 유발할 가능성이 높다'는 추론을 하는 건 무리가 아니다.)

하지만 이 사회는 '사상자가 발생하는' 그 끔직한 사건을 목격하면서도 그런 경우 운전자의 대부분이 남자라는 객관적 사실에 주목하지 않는다. 그건 운전자가 '남자라서가' 아니라 그냥 '그 사람'이 운전을 잘못한 경우라고 이해하기 때문이다. 반면에 '주차를 이상하게 한' 차량의 운전자가 '여자'라는 사실이 밝혀지면 그건 '개인'의 문제가 아니라 '여성'이라는 종의 문제로 치부된다.

이런 불평등한 '배려'는 남자 운전자들이 스스로 운전을 굉장히 잘하는 걸로 착각하게 만들고 이와 비례하여 여자 운전자를 답답해하는 '과격한 남자 운전자'는 증가한다. 앞의 글에서도 언급했지만 도로에서 차량 간 아주 사소한 위험이 발생하면 '자신의 차를 상대 차의 옆으로 바짝 붙여서 창문을 내린 후 상대가 여자임을 확인하고 욕을 내뱉는' 사람은 전부 남자다. 신기하지 않은가. 여기에는 명백한 패턴이 있다. 여자가 객관적으로 운전을 못한다는 것이 아니라 남자가 운전대만 잡으면 이상한 사람이 된다는 분명한 패턴. '이유는 간단하다. 여자가 만만하기 때문이다.'[주27]

엎친 데 덮친 격으로 남자들의 이런 위압적 태도가 '정말로' 여성들의 운전 실력을 위축시켜 객관적으로 '운전을 못하는 여성 운전자의 사례'가 늘어난다는 게 문제다(그러면 다시 '김 여사' 이미지는 재생산된다. 이는 남자들이 여성 운전자를 무시하는 증거자료가 될 것이고 그렇게 악순환은 무한 반복된다). 이런 실험이 있었다. 여성 운전자를 두 집단으로 나누어 운전 실력을 테스트하는데, 한쪽 집단에만 "너는 운전 잘하니까 걱정 마!"라는 격려를 했다. 그런데 이 집단이 결과도 좋았다. 이는 여성들이 일상에서 '내가 운전을 잘할 수 있을까'라는 압박감을 지나치게 안고 살아가고 있다는 것을 증명한다. 그 '주눅'이 태어날 때부터 타고난 것은 아니지 않겠는가.

남편은 왜 명절 때만 되면
가부장이 될까?

'사회학 개론' 강의 때마다, 우리 주변의 독특한 현상을 하나 제시하고 이에 대한 한국적 맥락을 고민하는 과제를 낸다. 이를 '사회학적 상상력'이라 한다. 예를 들어 '남자들이 예비군 옷만 입으면 이상하게 변하는 이유', '남자들이 운전만 하면 욕설을 내뱉는 이유' 등이 단골 주제다. 그중 어느 여학생의 발표로 열정적인 토론이 오갔던 주제가 하나 있는데 바로 '왜 MT(모텔이 아니다!)만 가면 남자들이 요리를 하는가?'였다. 비단, 대학생만의 특징이 아니다. 캠핑장만 가보더라도 "밖에 나오면 남자들이 이런 일을 해야 한다!"면서 고기 굽는 건 물론이고 마늘 자르고 상추 씻고 상차리는 '아빠들'을 쉽게 만난다. 이때 내가 느낀 묘한 황당함은 살아생전 이렇게 요리하면서 '티'를 내는 경우를 본 적이 없기 때문이다. 엄마는 일상적으로 하던 그 '요리'라는 노동에 단 한 번도 부연 설명을 한 적이 없었다. '그냥' 하셨다. 그러니 이건 '쇼'다. 누구는 '그런 쇼'라도 보여주니 다행 아닌가라고 하겠지만, 이것 자체가 가사 노동이 한쪽 성별에 치우쳐 있다는 걸 뜻하니 마냥 좋아할 수는 없는 노릇이다.

─────── 티 나게 요리하는 남자를 경계하라

'MT만 가면 요리하는 남자들'에 주목하는 이유도 그 때문이었을 것이다. 여학생은 요리하는 남자의 몸에서 '보아라! 나는 요리도 하는 남자다'라는 외침이 들린다고 했다. 분위기상 "우와~ 선배 너무 자상해요~ 나중에 결혼하면 부인이 행복하겠어요"라는 말이 등장하면 요리하는 '척'은 더 과해진다. 요리를 '해서' 자상하다는 '평'이 따르는 경우는 남자만이 가능하다.

학생들은 논의를 '명절 때의 풍경'으로 옮겨간다. 한 학생은 "명절만 되면 설거지를 대신 해주겠다며 앞치마를 둘러매는 남자들이 어색하다"면서 발표를 시작한다. 의아하다고 했다. 아빠는 아주 가끔 이벤트 형태로 부엌에 들어와서 엄마에게 100퍼센트 전담되어 있던 가사 노동의 5퍼센트(50퍼센트가 아닌!) 정도를 덜어주었을 뿐인데, 그것만으로 모든 칭찬은 아빠가 다 가져간다는 것이다. 그 순간 엄마는 엄청난 업무량에 시달리면서도 천사 같은 고용주 덕택에 너무나도 안락한 회사에서 일할 수 있어 행복하다는 표정을 지을 수밖에 없는 노동자가 되어버린다고 강조했다. 이 학생의 발표에 강의실은 상상력으로 가득 차기 시작했다. "그것이 평소에 남자들이 '여자들은 이벤트 한 번 제대로 해주면 끝'이라고 생각하는 것과 같은 맥락이다"에서부터, "부자들이 쥐꼬리만 한 기부 한 번 하고 온갖 생색을 다 내는 것과 같은 꼴", "정치인들이 고아원에서 가서 어설프게 앞치마 두르고 밥 푸는 모습" 등의 비유가 등장했다. 물론 곱씹어볼 만하다. 그만큼 '진정성'이 느껴지지 않는다는 것이다. 앞서 MT 에피소드를 언급한 학생은 이렇게 말을 이어 갔다.

> 제가 그 남자 선배에게 주목한 이유는 요리를 하면서 주변에서 자꾸만 자상하니 어쩌니 그러자, 선배가 "나는 힘든 거 내색을 절대 안 해"라고 말하는 모습이 의아했기 때문이었어요. 저는 선배의 모습이 마치 '내가 안 해도 될 일을 지금 하고 있는 거 알지?'라고 굉장히 생색을 내는 느낌이었거든요. 여자들은 객관적으로 생색을 낼 상황이라도 내색을 하지 않는 게 바로 '요리'라는 노동인데, 남자들은 그 노동을 '아주 잠시 보여줘도' 상징적인 가치를 다 가져가니 신기한 일이죠.

남자들 입장에서는 기껏 '도와줬는데' 너무 가혹한 평가 아니냐고 따질 수도 있지만, 부자들의 적선으로 불평등이 사라지지 않고 정치인들의 '쇼'로 사회적 약자가 행복해지지 않는다는 것을 알면서 어찌 '행동이 존재한다'는 것만으로 긍정적인 평가를 할 수 있겠는가. 가정적인 남자가 자주 출몰(?)은 하고 있지만, 왜 남녀 불평등에 관한 이 사회의 나쁜 지표들은 늘 지지부진한가. 이런 상황에서 남녀가 '함께해야 하는 걸', 그저 '도와주었다는 것'만으로 남자들은 '자상하다'는 평가마저 받으려고 하니 이 심보야말로 '불평등'의 단면 아니겠는가. 그러니 '티 나게' 요리하는 남자들을 경계하길.

──── 남자라는 이름의 유니폼

정반대의 이야기도 나왔다. 주부들을 상대로 한 인문학 강연에서 같은 주제를 슬쩍 다루었는데, "우리 남편은 평소에는 자상한데, 명절에만 이상해져요"라는 누군가의 말에 여러 사람들이 공감을 표했다. 그 주부는 정말이지 자신의 남편이 양성평등을 오롯이 실천하는 남자, 도와주는 '척'을 하지 않는, 정말로 가정적이고 자상한 사람이라 했다. 그런데 명절만 되면 '완전히 다른 사람'이 된다는 것이다. 시아버지, 아주버니 등 다른 친척 어른들이 모이면 갑자기 돌변하여 가부장적인 '척'하는 남편을 어떻게 이해해야 하는지 묻자 많은 이들이 고개를 끄덕거렸다. 또 남편이 '다른 남자들과 함께 있을 때' 마치 자신이 부엌에 들락거리는 사람이 아니라는 걸 보여줘야 한다는 압박감을 받는 것 같다고 말했다. 특히, 평소에 '사소한 것'도 도와주는 남편이 전쟁터를 방불케 할 정도로 바쁜 명절 때 집안일을 외면하는 것이 이상하다고 했다. 그래서 한번은 남편에게 물어본 적이 있었다고 한다. '평소에는 자상한' 남편의 답을 정리하면 이랬다.

뭔가 말야, 내가 절대로 그 안에 들어가면 안 된다는 그런 공기가 느껴져. 그리고 그걸 어기면 큰일 날 거라는 두려움이 드는데, 이게 마치 내 머리에 곤충 더듬이가 달려 있는 것처럼 감지된다니까. 내가 지금 부엌에 가면 혹시나 아내에게 잡혀서 사는 놈이라고 날 이상하게 쳐다보지 않을까?, "너 설거지도 하는 거야?" 하면서 빈정거리는 사람이 있지는 않을까? 등등의 생각이 샘솟듯 마구 등장한다니까. 그래서 평소에는 생각지도 않은 "여보! 여기 안주 좀 더 가져와!"와 같은 말도 하는 거지. 그러면 또 다른 사람들이 "아내 꽉 잡고 사는 모습이 좋다!", "역시 남자는 그래야 해!"라는 칭찬을 하고 아버지는 자기 아들이 그래도 '제대로 컸다'는 표정을 지으시니……. 정말이지 명절 때는 내가 평소와는 다른 옷을 입어야 한다는 압박감을 받아.

이 옷, 아마 '남자라는 옷'일 게다. 남자들은 이것이 편해서일까, 아니면 이 옷을 입는 게 '살 길'이라서 그런 것일까? 아무튼 쉽게 벗지 못할 옷임은 분명해 보인다. 오랫동안 유지된 한국 남자들의 유니폼이 쉽사리 교체될 것이라 생각하지 않는다. 최근의 시대적 흐름에 따라, 가끔 벗는 척하는 경우라든가 혹은 결정적일 때는 예외 없이 '입어버리는' 에피소드만이 증가했을 뿐이다.

예쁜 여자 앞에서만
초능력을 발휘하는 남자

참고로 이 글은 '재미있는' 고백이다. 성찰은 때론 유쾌해야 한다는 건 내 소신이기도 하다. 미스코리아 출신이 내 강의를 들었던 적이 있다. 그것도 '3위 안'(진/선/미)에 들었던 친구였다. 그녀는 '척' 보면 달랐다. 150명 수강생이 그녀 1명과 나머지 149명으로 (남자, 여자 상관없이) 쉽게 분류(?)될 정도였다. 170대 후반의 키, 완벽한 몸매. 게다가 생긴 대로 논다고 '패션 감각'도 남달랐다. 하느님께서는 인간을 손수 만드셨다지만 그녀에게 좀 더 신경을 쓰셨다는 것을 부인할 수는 없을 것 같았다. 사람 그 이상의 사람이랄까? 그녀는 강의에도 굉장히 충실했다. "이에 대해서 어떻게 생각하세요?"라고 물으면 언제나 그녀가 먼저 대답했고 또 다른 질문들을 던졌다. 내 입장에서는 '훌륭한' 학생이었다. 학생들을 편애하면 안 되지만, 이런 학생을 칭찬하는 것을 두려워해서는 안 된다. 그래서 토론에 적극적으로 참여하면 내가 '그 관심을 좋아한다'는 신호를 반드시 보여준다. 학생들과의 만남이 은밀해서도 안 되지만, 이런 학생과 수업 후 커피 한잔 마시는 것은 지극히 상호 보완적이다. 학생은 더 '깊은' 지적 논의를 체험할 수 있고 나는 그러기 위해 더 공부해야 하는 동기부여를 얻게 되니까. 하지만 그녀에게는 그렇게 하지 못했다.

——— '늑대 강사'라는 낙인의 공포

이상하게도 나는 그녀에게 매우 차가웠다. 차갑다 못해 못되게까지 굴었다. 그녀의 답변이 끝나기도 전에 "그것보다는~"이라면서 맥을 끊기 바빴다. 또 "그것 말고 다른 생각은 없을까요?"라면서 그녀가 제기한 논의의 확장을 고의적으로 막기에 급급했다. 몇 번 이런 피드백이 반복되니, 아름다운 그녀, 내 수업에서 입을 다물었다. 어느 날 강의를 마치고 집으로 돌아오는 지하철에서 문득 그녀가 떠올랐다. 그러면서 진작 던졌어야 할 의문을 내 자신에게 던졌다. '어? 나는 왜 강의실에서 그렇게 그녀에게 무안을 주려고 했을까? 왜? 다른 학생들한테는 안 그러면서?'

질문을 던지니 답은 금방 나왔다. 나는 무서워하고 있었다. 나는 '너무나도 아름다운' 그녀가 말을 할 때마다 다른 149명의 눈빛을 더 두려워했다. 이상하게도 '그녀가 말을 하면' 자는 사람들도 일어났다. '여신'의 말씀은 모두를 주목하게 만들었다. 나는 나머지(?)들이 이 상황을 어떻게 해석하고 있는지가 두려웠다. 혹시, 단순히 '강사와 학생의 관계'로 '나와 그녀의 상호작용'을 이해할까? 행여나 강사가 '예쁜 여자'에게 홀려 있다고 상상할 수 있는 행동을 내가 한 것은 아닐까? 그래서 '저 강사, 예쁜 학생한테만 잘해준다며?'라는 소문이 나는 것은 아닐까? 솔직히 나는 그게 두려웠다. 나는 잘 알고 있다. 한국 사회에서 남자들이 '예쁜 여자'를 더 잘 대접해주는 것이 문제라는 것을. 특히나 교육 현장에 있는 남자가 이런 편애를 하면 '더' 큰일 난다는 것을. 그래서 '순수한' 강의실 안의 공기 속에서도 '잘못하면 한순간에 여자 좋아하는 늑대 강사'로 낙인찍힐까 봐 걱정했다.

게다가 이 여자는 보통 여자가 아니다. 미스코리아다. 그녀가 얼마나 아름다웠는지를 더 정교하게 표현하고 싶은데 그러지 못해서 아쉽다. 그래서 나는 '더' 조심했다. 잘못하면 늑대보다 더한 '변태'가 될 수도 있다. 조심, 또 조심. 그러니 그녀의 질문에 호의적일 수 없었다.

아름다운 그녀, 수업 중에 자신의 질문이 자꾸만 씹힌다는 것을 눈치챈 모양이다. 당연히 활기를 잃었다. 하지만 그녀는 '모범생'의 자세를 포기하지 않는다. 강의가 끝나니 그녀가 내게 다가 온다. 무엇을 물어보기 위해서일 것이다. 그녀가 '내게 다가온다' 는 건 어떤 느낌이었다고 해야 할까? 요즘, '설현'이라는 아이돌 이 원체 끝내준다(?)길래, 한번 검색해보니 가소롭다. '설현' 정도 였다면 나는 '평소와는 다르게' 행동하지도 않았을 것이다. 친절 하게 설명해주었을 것이고 부족하면 다른 장소로 이동하여 이야 기를 이어 갔을 것이다.

하지만 그러지 못했다. 그녀는 나와의 거리를 좁힐 수 없다. 누 군가의 오해를 받기 전에 이 상황을 빨리 피하고픈 마음뿐이다. 그녀의 질문에 건성으로 대답하기 바쁘다. 빠르게 계단을 올라 간다. 그녀는 나보다 '반 보' 정도 앞에서 함께 걸으면서 이것저 것 묻는다. 아, 그런데 그녀는 엄청나게 짧은 미니스커트를 입었 다. 미스코리아가 미니스커트를 입고, '계단을 올라가고 있으니' 남학생들은 가던 길을 꺾어 계단을 함께 오른다. 이런 칠뜨기들. 내 뒤로 수십 개의 눈동자가 느껴진다. 그들의 시야에 나도 얼떨 결에 걸려 있을 것 아닌가. 그래서 나는 더욱 돌부처가 된다. 무 뚝뚝하게 그녀를 대한다. 그녀와 '함께 나란히 걷는 것'만으로도 오해를 살 수 있다. 나는 손을 앞뒤로 흔들면서 빠르게 걷는다. 그런데 아뿔싸! 손등이 그녀의 치맛자락에 부딪혔다. 워낙 타이 트한 치마라 치마와의 접촉은 신체와의 직접적인 접촉이기도 했 다. 오 예, 아니 아뿔싸다. 나의 손등에는 '가문의 영광'이 될지 모르겠지만, '나'라는 인간은 계단 밑의 '수많은 시선'으로부터 응징을 당할 것이 뻔하다. 나는 한순간에 '여자 엉덩이'를 만진 강사가 될 것이다. 그것도 '미스코리아 아무개의 쭉쭉빵빵 엉덩이를 의도적으로' 만진 강사 말이다. 이때, 기적이 발생한다. 손등에 치맛자락이 닿는 순간 나는 우사인 볼트보다 더 빠른 속도로 내 손을 반대 방향으로 틀어버린다. '전광석화'라는 표현은 이럴 때 사용하라고 있는 것이 분명하다. 엄청난 반사 신경이다. 평소에는 불가능했던 초능력이다.

——— 외모에 따른 차별은 이렇게 이루어진다

물론 이러한 나의 오버와 초능력이 '아무 여자'를 상대로 나타나지는 않는다. 다른 강의실, 저녁 시간이 다 되어서 강의가 끝나고 나는 평소에도 거리낌 없이 지내는 여학생에게 "오늘 소주나 한잔할까?"라고 묻는다. 말을 하면서도 미스코리아에게 '어색했던' 나 자신이 떠올라 웃음이 났다. 나는 지금 인종(?)차별을 하고 있는 것일까? 나는 그 학생과 '함께, 그리고 다정히' 걸어가면서 수다도 신나게 떤다. 그 순간, 내 팔이 학생의 가슴과 부딪히는 대형 사고가 발생한다. 하지만 초능력은 작동되지 않았다. '미스코리아'가 아니어서 '쳐다보는' 사람도 없어서일까? 별일 없이 우리는 폭탄주 몇 잔을 마시고 헤어졌다. 젠장. 이런 놈이 페미니즘 매체에 칼럼을 기고하다니.

　도대체 이게 무슨 말이냐고 하겠다. 하지만 이 글은 서두에서 밝혔듯이 성찰이 듬뿍 들어간 글이다. 나는 여자를 '외모에 따라' 어떻게 차별하고 있는지를 적나라하게 보여줬다. 미스코리아에게 어색한 거리감을 두었으면서 무슨 말을 하느냐고 따질 사람도 있겠다. 잘못 짚었다. 나는 '너무나 아름다웠던' 그녀에게만 극도의 예의를 갖추고 대했다. 여자, 사람 아니 그 이상의 누군가를 대한다는 자세로. 그리고 평범한(?) 여자는 아무렇지도 않게 대했다. 사람, 아니 여자 그 이하의 누군가를 대한다는 자세로. 이제 상상이 좀 될 것이다. 나 같은 남자들이 세상에 얼마나 많은지.

옷을 그렇게 입고 다니니까
성추행을 당하지

지하철 안에서 남자는 계속 옆에 앉아 있는 여자의 허벅지를 더듬었다. 여자는 치마와 검은색 스타킹을 신고 있었고 옆에서 '더듬고 있는 것도' 모를 정도로 잠에 빠져 있었다. 성추행을 얼마나 오랫동안 했는지, 그 앞에 앉아 있는 사람이 이 광경을 고스란히 휴대폰에 담았고 인터넷에 올라온 영상은 삽시간에 퍼졌다. 유명한 '○○○역 성추행 사건'이다. 경찰은 ○○○역에서 급히 내렸다는 범인을 CCTV 화면을 통해 추적 중이라고 했고 며칠 지나지 않아 남자는 자수한다. 증거자료를 누구나 확보할 수 있는 세상이기에 가능한 쾌거였다. 누구에게나 평등한 인터넷 공간에서 자료가 '퍼지는 속도와 범위'는 상상을 초월했다. 과거 수천 건의

'동일 범죄'가 단지 스마트폰이 손에 없던 세상이었기에 면죄부를 받았던 게 아니었던가. 여하튼 이렇게 사건이 해결되자 기술 혁신이 민주주의를 확장시켰다는 말들이 나왔다. 그런데 '잡을 사람'을 원칙대로 잡는 걸 민주주의 확장으로 표현하니 좀 그렇다. 오히려 '여전히' 전혀 변한 것 없는 세상 풍경을 걱정해야 하지 않겠는가. '여자가 그 시간에 술 취해 잠이 들어 있는 건 문제다. 스스로 조심해야지'라는 식의 의견 역시 여지없이 등장했다. "여자들이 옷을 그렇게 입고 다니니까 성추행을 당하지!"라는 칠푼이 같은 인과관계 분석이 칠푼이 그 이상의 논리로 인정받는 걸 여전히 볼 수 있다는 것은 아직도 양성평등 세상으로 가기에는 멀었다는 뜻일 게다.

——— 남자는 사회화 과정에서 뭘 배웠을까

여기서 어찌 민주주의 운운할 수 있겠는가. 도대체 여자가 무엇을 조심했어야 하는가?

사람들은 여자가 '술에 취해 잠이 들어'라는 점을 강조한다. 술에 취했다는 건 확인된 바 없다. 그리고 술에 취해 '단지 잠이 들어' 지하철을 이용하는 것이 얼마나 시민적인 모습인가? 매일, 술에 취해 냄새를 풍기고 자기들끼리 고성을 지르고 좌석 몇 자리를 독차지한 채 '발 뻗고' 자는 사람은 누구였던가? 다 남자 아닌가. 그녀는 그냥 앉아서 고개를 끄덕이면서 잠에 취해 있는 아주 일반적인 모습이었다. 오바이트를 한 것도 아니고 그래서 '오랫동안 기억될' 역대급 인사불성의 모습은 전혀 아니었다. 그저, 우리가 저녁 8시 이후 지하철에서 익숙하게 경험하는 퇴근하는 직장인의 지친 모습이었다. 피곤해서 곯아떨어진 그냥 보통 사람 말이다. 그런데 단지 여자라는 이유만으로 '같은 세금' 내고 사는데 '더 조심'하란 말인가?

"그래도 옷차림이 좀 그렇잖아"라고 말하는 사람은 더 답이 없다. 그 여성분이 하의라도 홀라당 벗었단 말인가. 그냥 무릎 위로 약간 올라온 치마, 그래서 앉으면 좀 더 올라오는 치마를 입은 거 아닌가. 그게 어쨌단 말인가? 기업의 취업 면접장에서 여자들이 왜 100퍼센트 치마를 입고 있겠는가. 여자가 '남자 같으면' 취업도 안 시켜주는 세상이라서 그런 거다. 바지만 입고 직장 생활하면 '선머슴 같다'느니, '여성성이 부족하다'느니 등 이상한 잡설을 들어야 하는 세상이다. 그래서 그분은 남자들이 만들어놓은 세상에서 '아주 정상적인 사회생활'을 하고 있었단 말이다. 굉장히 '노출이 심한' 옷이라 한들 어쩌란 말인가? 그러면 누가 '만져도' 된다는 말인가?

이런 비논리를 꼬집는 풍자는 무수하다. 외국에서 화제가 된 내용이 있다. "그렇게 옷을 입는 건 마치 개 앞에 스테이크를 내

놓는 거나 마찬가지잖아. 뭘 기대했어?"라면서 '노출이 심한 옷'을 입은 여자에게 책임을 묻자 땅콩버터 통 앞에서 얌전히 앉아 있는 개 사진을 SNS에 올린 이는 이렇게 설명한다. "땅콩버터는 우리 개가 세상에서 제일 좋아하는 것이다. 그런데 왜 사진 속 우리 개가 땅콩버터를 건드리지 않는지 알아? 내가 "안 돼"라고 말했기 때문이지."

통쾌하고 씁쓸하다. 통쾌한 이유는 말 그대로 '논리가 아닌 것'을 가장 '논리적으로' 설명했기 때문이고 씁쓸한 이유는 이 간단한 상식이 유독 '한국에서', 그리고 '남자들에게'는 통용되지 않기 때문이다.

개도 어떻게 훈련받았는지에 따라 평소에 환장하는 '뼈다귀' 앞에서도 인내심을 발휘할 수 있는데, 사회화 과정을 거치면서 한국의 남자들은 무엇을 배웠단 말인가? 교육을 제대로 안 받아서 그런 것인가, 아니면 교육 내용에 충실해서 그런 것인가? 지하철은 그 안에서 무슨 짓을 하면 안 되는지 정도는 알고 있는 사람들만이 이용하는 공간임이 자명하다. 우리 모두가 그렇게 교육받았다. 그러니 '배우지 못한 티' 좀 내지 마라. 장소가 장소인 만큼 더 주의해야 한다는 사람도 있다. 그분이 지금 어디 '성폭행 범죄자들 소굴'에라도 있었단 말인가? 지하철이란 말이다. 누구든지 이용할 수 있는 지하철 말이다. 그래도 나쁜 놈들이 있을 수 있으니 '주의는 여자들이 스스로 하는 것'이 맞다고? 그런 논리라면 '짐승을 선별해서' 지하철에 타지 못하게 해야 하는 게 아닐까? 그게 아니라면 여자들이 매일 퇴근길에 지하철 화장실에 들러 바지로 갈아입어야 한다는 말인가?

——— 인권도 차별하는 나라

정보 취득과 공유가 평등해진 사회를 정보화 사회라고 한다. 그래서 과거 같았으면 별일 아닌 것처럼 덮여졌을 일들도 여론의 심판을 받게 된다. 주로 '은밀한 곳'에서 이루어졌던 폭력들이 시대의 변화에 따라 세상에 '들통' 나는 경우가 많아졌기 때문이다. 남자들이 여자들에게 저지르는 여러 폭력이 대표적인 경우다. 물리적 폭력에서부터 성적 수치심을 야기하는 언어적 폭력까지, 남자들은 이제 과거에 비해 훨씬 조심하면서 세상을 살아야 한다. 그런데 '원래' 조심해야 하는 것은 '훨씬' 조심하는 것이 맞다. 성추행은 '하지 않는 것'이 답이지, 과거만큼 못 한다고 무슨 '행동에 제약'이 있는 것처럼 이해해선 안 된다.

그런데 여자들은 이 민주주의가 샘솟는 정보화 사회에서 훨씬 '더' 조심해야 한다. 말 그대로 과거 같았으면 '한 번쯤 혼나고 정신 차리면 될 일' 정도를 저질러도 '다시는 이 사회에 발을 못 붙일 정도까지' 융단폭격을 당할 수 있기 때문이다. 전문용어로 하면 '마녀사냥'이다. 신상이 까발려지고 온갖 음해가 난무해지는 속도와 정도가 워낙 커서 나중에는 '잘못하는 사람'을 탓하는 것 자체가 어색해진다. 대한민국 남자들을 다 잡아들일 수는 없기 때문이다. 'ㅇㅇ녀'라고 이름 붙여진 사건들의 대부분은 이러하다. 곤히 잠든 여자의 허벅지를 더듬는 것에 비하면 '키 작은 남자는 루저'라고 자기 취향을 말하는 건 그저 "거 참 되게 얄궂게 말하네" 정도로 욕 좀 들어먹으면 되는 일이다. 온갖 공공장소에서 고주망태가 되어 주정(酒酊)을 일삼고 위액과 섞인 악취 풀풀 나는 음식물 쓰레기를 배출시키는 남자들에 비해 자기 애완견이 '지하철 안에서 똥 싼 걸' 치우지 않은 여자는 경범죄로 가볍게 처리하면 될 뿐이다. 하지만 남자들은 불특정 다수를 뜻하는 '술 취한 사람' 정도로 취급받는 것에 비해 여자는 'ㅇㅇ녀'가 되어 그 '이상의' 대가를 치른다. 정보화 사회에서는 '시간이 약'도 아니다. 몇 년이 지나도 'ㅇㅇ녀'들의 얼굴은 인터넷 검색 몇 번으로 확인 가능하다. 뉴스에서는 연쇄살인범, 아동 성폭행범(물론 대부분이 남자다)이 얼굴을 공개할 때, "공익적 가치를 위해 얼굴을 공개하기로 했다"는 부연 설명까지 붙여준다. 그만큼 '기본적으로는' 얼굴 공개가 어떤 경우라도 하지 않는 것이 바람직하다는 인식이 있다는 말이다. 흉악범의 얼굴을 공개하면서도 '부연 설명'을 하는데 '남자들이 듣기에 기분 나쁨직한' 자기 취향 좀 말했다고, 또 공중도덕 하나 못 지켰다고 해서 '개인의 모든 것이 탈탈

털리는' 대상이 대부분 여자라는 것은 무엇을 의미하는가? 이것은 '인권'이라는 개념이 성별에 따라 다르게 적용되고 있다는 뜻 아니겠는가.

학생을 성추행한 수많은 '남자 교사들', 원조교제를 일삼는 수많은 '남자 중년들'이 이처럼 특화되어 '성추행남', '원조교제남'이라고 불리는가? 당연히 그렇지 않다. 그러니 내가 이들의 얼굴을 알 리도 없다. 물론 인권의 측면에서 바라볼 때 아주 바람직한 현상이다. 바로 이 정도로 남성의 인권을 보호해주는 것처럼 여성의 인권도 마찬가지로 보호해줘야 한다.

공권력이 법이라는 제도를 통해 범죄를 저지른 개인을 응징하면 된다. 범죄자를 '잡을 때'까지는 얼굴을 공개하여 지명 수배를 내릴 수도 있겠지만, 잡은 후에 '얼굴에 마스크를 씌워주는' 이유도 그런 맥락에서 보면 된다. 도덕적 일탈, 공중도덕을 어기는 경범죄는 그 자체가 '경중의 문제'로 논쟁할 수 있겠으나 어떤 경우라도 대중에게 지명 수배권이 주어질 수도 없고, 당연히 누구라도 인민재판을 받아서는 안 된다. '민주공화국'에서 법과 인권은 누구에게나 공평해야 하기 때문이다.

첨단 기계가 등장하면서 무엇인가 과거에 비해 지형이 달라진 것처럼 보이지만 이처럼 속살을 살펴보면 전혀 아니다. 당연하다. 오래된 '악습'은 테크놀로지라는 외형적 변화로만은 고쳐

지지 않기 때문이다. 이 글을 쓰는 동안에도 포털 사이트에는 '만취한 여교사, 성폭행 당해'와 같은 뉴스가 등장한다. 많은 이들이 '여자가, 그것도 여교사가 만취한 상태였다'는 측면만을 기억할 것이다.

나처럼
좋은 남자도 없어

"그래요 나는 아내를 때렸습니다. 하지만 보통 남자들이 자기 아내를 때리는 것보다 더 많이 때리진 않았습니다."^{주28}

영화 〈김복남 살인 사건의 전말〉을 보았다. 고개를 몇 번이나 돌리게 만드는 잔혹한 영상이었지만 '그만큼' 생각할 거리가 충분했다. 영화는 큰 배경으로 '현대인의 무관심'을 세팅해놓고, 이러한 시대의 물줄기 안에서 살아가는 사람들을 묘사한다. 특히나 그 대상은 여성들에게 쏠린다. 여성들은 무관심을 '만들어내는' 장본인이기도 하고 그 무관심 때문에 피해를 보기도 한다. 이런 무관심은 여성들을 계속 사회적 약자로서 존재케 한다. 또 언제나 약자라서 서로 무관심할 수밖에 없는 악순환이 반복된다. 영화는 여자들끼리 불친절해야만 하는 '더러운 상황'을 말 그대로 '더럽게'[주29] 표현했다.

─────── 여자들은 저래서 안 된다니까

세상과 고립된 섬마을, 등장하는 남자들의 언행은 하나같이 마초고 여자를 그냥 물건으로 대한다. 그리고 남자들의 단순하기 짝이 없는 '짐승 같은 힘'이 필요하다는 이유로 여자들은 이들의 폭력에 묵인한다. 남자들 '틈'에서 생존하기 위해 고통 받는 여자를 외면하는 '불친절한' 여성 공동체 덕택에 남자들은 오히려 자신이 피해자라 떠들고 다니면서(이를테면 "저년이 이 집에 들어온 다음부터 모든 문제가 시작되었다!") 여자에게 폭력을 일삼는다. 이 마을에서 자라는 여자들은 이를 일종의 생존 전략으로 받아들인다. 고통 받는 여자를 외면하는 것이 자신이 살길이기 때문이다. 마을을 떠나 서울에서 사는 해원(지성원)이 그러하다. 제2금융권에서 비정규직 텔러로 살아가는 그녀는 '길거리에서 남자에게 폭행당하는 여자'를 봤지만 적극적인 진술을 마다한다. 가난한 할머니의 대출 요구를 차갑게 거절하는 것도 결국 이런 학습의 결과다. 자신도 사회적 약자지만, '그래서' 관용을 더 베풀어야 하는 것이 아니라, '그래봤자' "네 주제나 알고 설쳐라"는 주변의 냉소적 반응에 익숙해져 있기 때문이다. 그래서 고통 받는 여자를 '외면하는' 것에 익숙해져 있다.

그리고 가장 고통 받고 또한 외면받는 여자인 복남(서영희)이 등장한다. 그녀는 남편인 만종(박정학)에게 매일 맞고 시동생(배성우)에게 능욕당한다. 그리고 그녀의 시머어니(백수련)가 주도하여 마을 전체의 여자들은 "이래서 남자가 필요한 거야"라는 말만 되풀이한다. 이 섬에서 복남이의 유일한 편은 딸 연희(이지은)뿐이다. 섬에서 탈출을 시도하는 복남이에게 딸은 "아버지가 뭍에 가면 안 된다고 했는데? 그래도 뭍에 안 가면 엄마는 아빠한테 또 맞는 거지? 그건 싫어!"라고 말한다. 수동적 여성으로서 사회화가 '아직은' 완성되지 않은 연희는 '물리적 폭력'이 얼마나 고통스러운 것인지에 대해서 굳이 다른 맥락을 동원하여 이해하지 않는다. 맞으면 아프다. 엄마도 맞으면 아프다. '맞을 수도 있다'는 사회적 논리에 조금은 덜 학습된 연희는 '폭력을 피해' 탈출하려는 엄마를 이해한다. 물론, 탈출은 실패했다. 연희는 만종이 때문에 죽는다. 목격자인 친구 해원은 배신을 한다. 그리고 복남이는 '낫 들고' 잔인한 복수를 시작한다. 메시지가 선명한 영화다. 제목에도 '전말'이란 단어를 붙여놓지 않았는가. '왜 복남이가 살인을 저질렀을까?'라는 전제를 깔고 영화에 몰입하라는 말이다. 그리고 그 답은 '대단한 고뇌' 없이 그저 화면만 충실하게 따라가도 쉽게 얻을 수 있다. 졸지만 않았다면, 이 영화가 던지는 '남성 중심 사회 안에서 핍박받는 여성'이라는 메시지를 의아해할 사람은 없을 것이다.

하지만 영화가 여자들의 역설적 상황을 잘 드러낸 것에 비해, 실제 가장 큰 반성의 주체가 되어야 할 남성들은 별로 느끼는 바가 없는 듯하다. 남자들은 이 영화를 어떻게 해석하고 있을까? 사실, 나는 이 영화에 대한 (남자) 친구들의 격한 반응을 보고 '정말로 그런 메시지'인지 확인하고자 영화를 봤다. 물론, 영화를 본 다음 나의 첫 반응은 "도대체 친구들은 무슨 영화를 본 거야?"였다. 그날 모임에서 친구는 이렇게 영화를 소개했다. "너희들 그 영화 봤어? 왜 있잖아. 꼴페미들이 환장하는 복수 영화." 몇 명은 자기도 비슷한 생각이었다며 웅성거린다. 내용을 궁금해하는 이들에게 친구는 영화가 어떤 내용인지 조목조목 말해준다. 그리고 남자들은 조금은 진중하게 토론을 한다. 그런데 '남성 중심 사회에서 피해자로 살아가는 여자들의 슬픈 무관심'이라는 의견은 나오지 않는다. 그 내용은 이랬다.

첫째, "저래서 여자들은 안 된다니까!"라는 반응이다. 그러니까 영화가 드러낸 역설적 상황에만 주목한다. 남자들은 감독(작가)의 의도가 아주 탁월했다면서 자신들이 주변에서 경험한 사례를 말하기 바쁘다. 이들은 여성들이 '스스로' 협력하지 못하는 경우들, 정의롭지 못한 상황에서도 여성들 '스스로' 묵인하는 경우들을 과거의 학교에서, 지금의 직장에서 부지기수로 경험한다고 했다. 한 친구는 그것이 바로 '김치녀' 아니냐면서 자신의 추론 능력을 과시한다. 여자들이 자기들끼리 '외모'로 경쟁하고 시기하는 게 결국 '돈 많은 남자' 만나기 위한 것 아니겠느냐는 식의 분석이 따르자 다른 남자들은 다들 고개를 끄덕인다. 그러면서 기어코 "남자들은 그러지 않은데, 여자들은 왜 그러나 몰라"는 말이 누군가의 입에서 등장한다. 나는 "바보야! 그건 자네가 '남자라서' 그러지 않을 수 있는 거야"라고 말하고 싶었지만 분위기(?) 파악하고 참았다(지금 생각해도 잘 참은 것 같다).

─────── 나 정도면 괜찮지 않아?

또 하나의 반응은 남자들이 영화에 등장하는 '나쁜' 남자들의 짐승 같은 폭력성을 '자신들의 연장선'으로 이해하지 않고 '비교 집단'으로 설정한다는 것이다. 전자로 이해를 한다면, 아마 "이런 사회구조에서는 누구나 그런 짐승이 될 수 있다"는 논의를 끄집어낼 수 있을 것이다. 하지만 후자와 같은 방식으로 이해하면 "나는 저런 남자가 아니다"라고 말하는 것부터 시작한다. 영화에 등장하는 나쁜 남자 캐릭터가 한국 사회 남자 집단 전체를 대변할 수 있다는 걸 원천봉쇄하는 것이다. 영화가 현실을 반영하는 것이 아니라, 오히려 남자들의 현실에 면죄부를 주는 셈이다. '문제 많은 남자들' 때문에 남자들은 자신이 매우 도덕적인 줄 착각한다.

술 마시고 강간하는 나쁜 남자 덕택에, 술만 먹으면 섹스를 강요하는 자신은 별문제가 안 된다. 술 마시고 애인을 살해하는 남자 덕택에, 술만 먹으면 무엇인가 집어 던져버리며 욕설을 퍼붓는 자신은 별문제가 안 된다. 결국 남자들은 '나는 그 정도는 아니다'라면서 일상에서 무의식적으로 저지르는 유·무형의 폭력을 계속 유지한다. 그래서 '괴물까지는 아닌' 자신이 좋은 남자라고 착각한다. 이런 남자에게 집안일은 함께하는 것이 아니라 어쩌다가 '도와주는' 봉사의 영역이다. 봉사는 많고 적음의 문제가 아니라 마음의 문제라고 했던가. 그래서 '쓰레기 분리수거'라도 한 번 하는 걸 집안일을 '해주는' 걸로 이해하고 "나 정도면 괜찮지 않아? 당신은 좋겠다. 내가 가부장적인 남편이 아니라서 얼마나 대박이야?"라면서 스스로를 칭찬하고 아내에게 기쁨의 감정을 강요한다. 그 기세등등한 자신감에 눌려 여자들은 복남이가 되어 살아간다.

남자들은 원래 그래

딸이 태어나고 아내의 모유 수유가 한창일 때였다. 나는 육아는 함께하는 거라고 생각했으며, 또 그렇게 실천하고 있다고 믿어 의심치 않았다. 어느 날, 우연히 새벽 3시에 일어나보니 아내가 방 한구석에서 수유 중이었다. 누가 수유 중인 여자의 모습이 아름답다고 구라를 쳤을까? 에어컨도 없던 시절, 한여름의 열대야는 엄청났다. 장마철, 습기 가득한 방에서 땀을 뻘뻘 흘리면서 젖을 주는 아내의 뒷모습은 불쌍함 그 자체였다. 나는 '양성평등 주의자'이니 암, 반성을 해야지. 나는 '아무리 남자가 도와준다고 한들 여자의 부담은 더한 거구나'라고 느끼며 위로'하는' 나의 모습을 멋지다 생각했다. 치사하게 위로받을 사람에게 실질적인 도움을 줄 생각은 안 하고 말이다.

──── 남자는 이래서 어쩔 수 없는 것인가

다음 날, 나는 만나는 사람마다 이 에피소드를 이야기했다. "아내가 밤마다 모유 수유 때문에 한 번씩 일어나는 것이 안쓰럽다"고. 그런데 돌아오는 대답은 남녀에 따라서 전혀 달랐다. 남자는 "그래? 그게 여자의 운명이지. 그래서 엄마를 위대하다고 그러는 거 아니겠어?"라면서 결국엔 '어쩌라고?'라는 반응을 솔직하게 보이는 경우가 많았다. 하지만 여자들의 대답은 좀 달랐다. 그녀들은 굉장히 의아해했다. "밤중에 한 번만 수유해요? 그거 참 착한 아기네요." 엥? 이게 무슨 소린가 싶었다. 그래서 아내한테 우리 아기가 그렇게 효녀냐고 물었다. 그러자 아내는 미친놈한테 별 미친 소릴 듣는다는 표정으로 대답했다.

"무슨 소리야? 평균 서너 번은 일어나는데. 어제도 그때가 세 번째였어. 밤에 애 젖 먹일 때 자기 깰까 봐 내가 얼마나 조심하는데. 그날은 애가 좀 많이 보챈 날이긴 했지." 으허허. 나는 '여러 번 중의 한 번'을 보았을 뿐이었던 것이다. 그 한 번도 힘들어 보였는데, 아내는 그걸 '시도 때도 없이' 하고 있었다니! 아, 남자는 이래서 어쩔 수 없는 것인가. 그래, 앞으로 더 잘하자!

─────── 나 역시 일그러진 남자다

몇 달이 지나 기회를 만회할 날이 왔다. 그날은 나 홀로 갓난아기와 온종일 함께 있어야 한다. 아내가 새벽에 나가서 한밤중에나 들어올 수 있는 날이었다. 내가 잠도 깨워줘야 하고 밥도 먹이고 놀아도 주고 기저귀도 갈아주고 씻기고 다시 잠도 재워야 한다. 말 그대로 풀타임 육아다. 그러고 보니 나는 여태 아기의 '하루 전체'를 온전히 책임진 적이 없었다. 내가 개입하는 경우는 평일에는 저녁 1~2시간, 주말에는 여기서 2시간 정도 더 추가되는 정도였다. 이것도 '매일', '주말마다'도 아니다. 내 일이 있으면 이조차도 하지 않았다. 그러니 아내는 걱정이 많은 눈치였다. 나는 그동안의 부족함을 만회하겠다면서 아내를 안심시켰다. 앞으로 무슨 일을 겪을지 전혀 모르니 거침없이 으름장을 놓았다.

"내일부터 애가 아빠만 찾을 거야. 두고봐!" 나는 당찬 포부를 품은 채 노력했지만 결과는 참담했다. 악몽의 하루를 소개한다.

아기는 '울면서' 하루를 시작한다. 나는 "오늘, 엄마 없어! 나랑 하루 종일 있어야 해! 좋지?" 하면서 호기롭게 이 상황에 마주한다. 그냥 어루만져주면서 '쭈쭈'만 몇 번 하면 울음이 그치는데 뭐가 걱정이란 말인가. 아내가 그렇게 울음을 달래는 걸 수차례 '보기는' 했다. 그래서 시도를 했는데 아기는 내가 '흉내만' 내고 있다는 걸 단번에 안다는 표정을 지으며 '더' 운다. 아내는 그 상황에서 서로 대화도 하던데 이상했다. 아내는 "배고파? 더워? 주변이 시끄러워? 기저귀 갈아줘?" 등을 아주 천천히 (정말로 대화하듯이) 말했고 아기의 응답(?)에 따라 그다음 조치를 취했다. 그러면 아기는 귀신같이 울음을 그쳤다. 그러면 아내는 "배가 고팠는데 엄마가 모른 척해서 그렇게 슬펐어요?"라고 말했고 아기는 웃음으로 대답하곤 했다. 이게 당연한 것이 아니었다. 상황을 모면하고자 언젠가 책에서 흘리면서 보았던 대처법을 생각해냈다. 아기들이 아빠의 세찬 심장박동 소리를 좋아한다나 뭐라나. 배에 올려놓으면 금세 안정을 찾는다고 하는 걸 어디선가 본 적이 있다. 그래서 시도는 했는데, 정말 '세차게'만 들렸나 보다. 전혀 효과가 없다. 아빠 손으로 가슴을 포근히 덮어주면 안정을 느낀다고 했던가? 시도했다. 아기는 질식할 표정이다. 야속했다. 이날 하루, 아기는 정말로 자주 울었다. 아내는 울 때마다 아기를 안으면서 울음의 시간을 최소화했는데 난 그 반대가 된다.

아기를 '안은' 게 아닌 '들고' 있는 나의 어정쩡한 자세를 거울로 확인하니 아기는 아기라서가 아니라 '나라서' 우는 것이 분명하다. 내 품에서 아기는 버둥거린다. 롤러코스터가 하강을 위해 높은 곳으로 하염없이 올라갈 때의 공포감이라고 할까? 그런 표정이다. 그제야 나는 '아기를 안은 상태에서 다른 일'을 하는 게 당연한 것이 아니라는 사실을 깨달았다.

모든 것이 진퇴양난이다. 기저귀 가는 것도 만만치 않다. 입혀

놓은 옷은 왜 이리 많은지, 벗기다가 시간이 다 간다. 게다가 아기는 잠시도 가만있지 않는다. 레슬링 선수도 아니면서 왜 그렇게 이리저리 뒤집기를 하는지 모르겠다. 기껏 간 것도 엉성하다. 똥이 마구 삐져나온다. 제대로 채운 것 같으면 그게 아까워서(?) 좀처럼 용변 확인을 하지 않는다. 한참 후 기저귀를 벗겨보니 그새 발진이 생겼다. 약을 발라주려고 약통을 열었다. 그런데 '아기 사진'이 있는 약이 왜 그렇게 많은지 도대체 무슨 약을 발라주어야 하는지 모르겠다.

젖병으로 우유를 먹일 때에도 먹는 것보다 옷에 흘리는 것이 더 많다. 또 '트림시키기'는 왜 이렇게 어려운지. '이것이 트림인지 아닌지'가 도무지 분간이 안 된다. 아내는 일반적인 숨소리와 다른 '가스'를 느끼면 된다고 하는데, 난 아무리 귀를 입에다 밀착시켜도 느낌이 똑같다. 아내가 아기를 안고 등을 토닥거리다가 "우리 아기 트림했어? 시원해?"라고 말하던 모습이 내게는 일어나지 않았다. 오히려 나의 무거운 머리통에 짓눌린 아기가 울기만 한다. 괜찮겠다 싶어서 겨우 눕혔는데 3분 정도 흐르자 토를 한다. 승부수를 띄우기로 했다. 상대가 가장 좋아하는 것에 집중하기로 했다. 아기는 목욕하는 것을 좋아한다. 큰 양동이에 받은 물 안에 들어가면 아기는 표정부터가 싱글벙글이었으니 확실하다. 정확히는 '엄마가' 목욕시켜 주는 걸 좋아하는 거였는데, 이를 알기까지 긴 시간이 필요하지는 않았다. 불안해 보이던 아기는 물과 함께 운다. 그리고 전쟁이다. 아내랑 있을 때는 마치 워터파크에 있는 표정이었는데, 나랑 있으니 이건 거의 물고문에 반응하는 느낌이다. 귀 안에 물은 왜 이리 많이 들어가는지 걱정이다.

───── 살아있으니 됐다

악몽의 하루(정확히는 15시간) 동안 난 아내에게 전화를 열세 번 걸었다. 무엇이 어디에 있는지 몰라서, 또 도무지 어떻게 해야 할지를 몰라서 말이다. 열세 통도 나 딴에는 가급적 전화 안 하려고 몇 번을 참은 결과다. 열네 번째 전화를 걸기 전에 아기는 가까스로 잠이 들었다. 밤 11시, 아내가 들어온다. "나 왔어~"라는 소리에 버럭 소리부터 지른다. "조용하라고! 겨우 잠들었단 말이야!" 이 목소리가 얼마나 비장하고 절박했는지 아내가 웃으면서 "고생 많이 했나 보네. 내 새끼, 기저귀나 한번 봐야겠다"면서 방으로 갔다. 나는 화들짝 놀라 "괜찮아! 내가 기저귀 갈았다니까. 힘들게 재웠으니 괜히 깨우지 마라"면서 고함을 지른다. 그런데 이 소리에 지나친 자신감이 묻어 있기에 내가 말해놓고도 민망하다. '미션 임파서블'의 하루를 무사히 마쳤다는 안도감이 도무지 감춰지지 않는다. 그래서 칭찬을 받고 싶었다. 그런데 아내 왈, "기저귀 갈았다고 하지 않았어? 똥 쌌는데? 언제 갈았어? 오래된 것 같은데." 난 그럴 리 없다는 표정을 지었지만 무슨 잘못을 했는지 금방 실토했다. "맞다. 아까 저녁 6시쯤 갈고 깜박했어." 한숨소리와 함께 아내는 마지막 한마디를 던진다. "살아 있으니 됐다. 오늘 하루 욕봤다." 똥 싼 줄도 모르고 기저귀 갈았다고 큰소리치는 남편을 포기하겠다는 각오나 마찬가지였다. 이날 이후 나는 정신을 차렸을까? 이 에피소드를 블로그에 올리니 '사랑의 댓글'이 엄청나게 달렸다. 몇 개를 추려 정리하니 판타스틱하다.[주30]

우리 애 아빠에 비하면 천사네요. 도와주려고 노력은 하잖아요. 우리 그 인간은 7개월짜리 아들과 저를 두고 낚시 갔답니다. 지금 잘하고 계신 거니까 계속해서 아내와 아이를 많이 돌봐주세요. 애들 기저귀 한 번 갈아준 적 없는 남편을 둔 아내로서는 부럽기 그지없는 글일 뿐입니다.

아름다운 아빠의 글입니다^^ 우리 신랑보다 매우 많이 노력하시는 걸요?^^ 우리 아기 8개월 지나 9개월을 향해 달려가지만 신랑은 아기 목욕 한 번 시켜준 적 없어요. 무섭대요. 아기랑 눈 맞추고 놀면 겨우 10분 지나 진땀을 뻘뻘 흘리지요 ㅋㅋㅋ

애쓰시는 마음이 너무 예뻐요~ 그리구 님 아가랑 부인 되시는 분이 너무 부럽습니다. 고민을 하고 계신다는 것만으로도 훌륭한 아빠가 되실 자격이 충분히 있으시다고 생각됩니다. 아내 되시는 분도 그런 남편의 노력을 마음으로 깊이 감사하실 거구요 정말 울 신랑이랑은 너무 달라 부럽습니다.

지난 15개월 동안, 엄마로서 저는 정말 죽을 만큼 힘들었습니다. 남편은 한두 번 아기를 위해서 뭔가 하는 듯하다가 자기는 어차피 못한다는 둥, 엄마보다 서투르니 자기는 못 하겠다는 등등의 말로 아기와의 문제에서 늘 비껴 있더군요.

울 남편 모든 육아는 저에게 떠맡기고 돈 번다는 이유로 맨날 술에 친구에…… 울 두 딸 신생아 때부터 목욕이니 기저귀니 아빠 손 빌린 적 없었지요. 제 주변 대부분의 남편들 모습이구요. 애들 아빠는 기저귀 한 번 안 간 걸 친구들한테 자랑하는 모자란 인간입니다.

　나는 댓글을 읽고 여전히 정신을 차리지 않는다. '흠, 그래도 나는 괜찮은 남편이었네?'라면서 도리어 안심한다. 한술 더 떠, 아내에게 "그래도 나만 한 남편 없다"라고 말하는 증거자료로 댓글을 활용한다. 나는 '육아는 도와주는 것이 아니라 함께하는 것이다'라고 말만 하지, 실제로는 '도와주는 것만으로도' 엄청난 생색을 내고 있었던 셈이다. 진심으로 반성한다. 이때, '남자가 어쩔 수 없는 어떤 이유'가 머릿속에 떠오르는 사람이 있을 것이다. 그 생각, 이제 안 하면 된다. 아무리 말해도 틀에 박힌 생각을 할 것이 빤한 남자들이 있을 것을 예상한 누군가가 이런 댓글을 남겼다.

저도 아기가 태어나고 나서 정말이지 단단한 마음을 가지고서 아기의 기저귀를 갈았고, 젖병도 물릴 줄 몰라서 아기의 입보다 얼굴로 흘러내리는 것이 더 많았고, 아기의 더러워진 엉덩이를 어떻게 씻어주어야 할지 너무 당황해서 제 옷과 아기 옷을 번번이 적시기 일쑤였습니다. 어떤 엄마도 처음부터 아기를 능숙하게 돌볼 줄은 모릅니다. 아빠나 엄마 모두 똑같은 출발선에서부터 아기를 돌보는 일을 시작하는데, 차이가 있다면, 엄마는 하루 종일 아기 곁에 붙어서 어떻게든 해내야 하는 책임과 의무가 있는 것이고 아빠는 직장에 나간다는 이유로 가끔 아기를 돌보는 정도의 봉사만 있지 그 책임과 의무에서 비켜서 있습니다. 제 주변에 있는 아빠들 중 어느 누구도 한밤중에 아기가 울며 보챈다고 엄마보다 먼저 일어나서 아기를 토닥이고 젖병을 물리는 사람은 없었습니다. 직장 노동과 가사 노동을 마친 누구나 재충전을 해야 할 시간이지만 그때의 노동은 아내에게 전가되어 있죠. 하지만, 이 차이는 엄마가 직장에 나가도 다르지 않더군요. 아기가 울 때 죽은 척하는 남편은 그나마 양반이죠. 좀 조용히 시키라고 짜증 내기도 합니다. 다음 날 아침에 출근

하는 것은 같아도요.^{주31}

———— 그냥 이기적이라고 인정하라

그냥 이기적이라고 인정하는 것이 정말로 남자다운 것 아닐까? 내가 갓난아기를 돌보면서 경험했던 악몽의 원인은 내가 엄마가 아니라는 생물학적인 이유가 아니라, 이 사회 안에 '원래 엄마는 그런 거다'라고 말하는 사람이 지나치게 많기 때문이었다. 그러니 육아를 함께하지 않고 그저 도와줄 뿐인데 이것만으로도 칭찬을 받는다. 그래서 월요일 아침에 "어제 마트 가서 장보고 아이들하고 놀아준다고 제대로 쉬지도 못 했어"라는 불만을(아니면 자랑을) 표출하는 직장인은 남자뿐이다. 도와주는 것의 한계는 명백하다. 평일에 '어린이집에 아이 데리고 가야 한다'면서 회식 자리에 참석하지 않을 때, 꼭 남자에게만 "아내는 뭐 해?"라고 묻는다. 육아를 도와준다는 건 '급할 땐' 전혀 도와줄 수 없다는 것을 의미할 뿐이다.

기저귀 때문에 가득 차는 쓰레기통을 자주 비우는 정도로 갓난아기와 과연 교감할 수 있을까? 많은 남자들이 '자신도 그러고 싶은데' 물리적 한계가 너무 심하다고 할 것이다. 이때, 두 가지를 생각하면 된다. 첫째, 당신이 원하는 것이 가능하도록 이 사회에 강력한 요구를 해야 한다. 아내를 사랑한다면서 가장 실질적인 변화를 도모할 수 있는 방법을 외면하면 되겠는가. 나도 '부모답게' 아이의 성장을 가급적 많이 지켜보겠다는 의지를 자꾸만 표출해야지만 이 사회는 변화를 모색할 것이다. 둘째, 남자가 생계부양을 한다고 해서 모든 나라의 아빠들이 '한국의 남자들'처럼 육아에 무관심한 건 아니라는 사실을 인식해야 한다. 이미 여러 선진국에서는 '아빠는 돈을 버니, 엄마는 집안일을 책임지는' 성 역할 프레임을 극도로 경계한다. 아빠가 퇴근을 하면 그때부터 '함께' 노동을 하고 '함께' 휴식을 취한다. 한국의 남자들은 '원래 그런 거다'라는 말을 자주 하는데, 원래 그런 건 하나도 없다. 의지의 문제일 뿐.

III
SHOULDER 어깨

"남자로
살기
너무 힘들어"

남자로 살기 너무 힘들어

"요즘 남자들이 살기가 힘들어졌잖아요"라고 말하는 남자들을 자주 만난다. 십중팔구 얼굴에는 지친 기력을 감추지 못한 채 애써 한숨을 내쉬면서 부연 설명을 대신한다. 말은 장황해도 '일터와 가정에서 남자들이 죽을 맛'이라는 주장은 명료하다.

단순히 먹고사는 것이 팍팍해서만은 아닌 것 같다. 그랬다면 굳이 '남자들'이라는 표현을 쓸 필요가 있었겠는가. 한 걸음만 더 파고들면 이 죽을 맛이라는 것의 정체는 '권리와 의무'가 여자에겐 유리하고 남자에게는 그렇지 않다는 뜻이라는 것을 알 수 있다. 쉽게 말해, '권리만 있고 의무는 없는' 여자들 때문에 '권리는 없고 의무만 있는' 남자들이 불쌍하다는 논리다. 과연 그러한가?

아니, 남자들이 요즘 힘들어졌다는 걸 여자들의 경우와 비교하여 해석하는 것은 과연 정당한가?

——— 권리는 없고 의무만 있는 남자들?

부양가족이 있는 40~50대 이상의 가장들이 이런 말을 자주 한다. '요즘'이라는 말에는 두 가지 의미가 있다. 하나는 자신의 아버지는 중년의 삶을 이렇게 보내지 않았다는 것이고 다른 하나는 자신이 '남자이기에' 허용되었던 행동의 반경이 점차 줄어들고 있다는 뜻이다. IMF 이전만 하더라도 가장의 권위는 대단했다. 가부장적 권위주의는 '악착같이 벌면' 4인 가족 부양이 어렵지 않았기에 가능했다. 대학생 자녀들이 어학연수를 보내달라고 하지도 않았고 해외 출장 다녀오면서 '남들 다 있는 명품 가방 하나 사서' 아내에게 선물하는 일도 '남들도 그러지 않으니' 안 해도 되는 일이었다.

　노동이 편했을 리는 없겠지만 남자들은 일터에서 땀 흘린 보람을, 혹은 억울하게 참아야 했던 울분의 보상을 가정에서 찾았다. 그래서 남자들은 가족들을 먹여주고 재워주는 대신 자신은 '법'이었다.

　이런 아버지의 모습은 여자와 구별되는 '남자의 권리와 의무'

가 되어 아들에게 전수되었다. 여기서의 구별은 비단 목록의 다름이 아니라 자유의 범위에 관한 것이자(남자는 그 정도 실수도 할 수 있는 거야!) 통제의 정도이기도 했다(여자가 그런 말 하는 거 아니다). 그래서 어릴 때부터 '남자다움'은 '사람다움'을 뛰어넘는 경우가 많았다. 누가 때리면 '같이 때려야' 하고 누군가를 때리면 '맞고 다니는 것보단 낫다'면서 도리어 격려받는다.

결혼 이후 '아버지 흉내 내기'는 절정에 이른다. 남자들은 가족 부양의 '의무'를 지닌 대신에 가족이라는 배를 진두지휘하는 선장의 '초법적 권리'를 지니고 살았다. 연공서열이 보장되던 정규직 직장 생활 시절에 이 권리는 해가 갈수록 두터워졌다. 안팎에서 존중받는 일종의 전성기였다. 이런 시기는 남자에게만 부여되었다. 그래서 '요즘 남자가 힘들어졌다'는 말은 실언(失言)이 아니라 실토(實吐)다. 남자와 여자는 평등하지 않다는.

하지만 세상은 천지개벽했다. 삶의 문법은 시효가 만료된다. 과거의 40~50대가 누렸던 부귀영화는 이제 없다. 일자리는 불안정하다. 어떻게 일을 하더라도 세상의 변화를 따라갈 몸이 아니다. 그러니 소득은 낮다. 하지만 지출은 불가사의할 정도로 많아졌다. 의무라고 여겼던 부양이 만만치 않아지니 '가장'이기에 가능했던 권리의 크기도 줄어든다. 이것은 지금까지는 허용되던 일탈이 더 이상 불가능하다는 뜻이기도 하다.

평일에는 낚시, 주말에는 골프, 이런 취미 생활은 불가능하다.

평생 집에만 있던 아내가 푼돈이라도 벌어오겠다며 일을 시작했는데 간이 배 밖으로 나오지 않은 이상 과거처럼 "물 가져와", "술상 차려봐"라는 막말을 뱉을 순 없다. 온갖 스펙을 보유하고도 취업이 안 돼 전전긍긍하는 자녀 앞에서 온종일 TV만 보고 있기는 미안하다. 말 그대로 좌불안석, 여기까진 팩트다.

─────── 단지 과거만큼 여성이 불평등하지 않아서?

그런데 말이다. 여기에서 '여자'가 왜 등장하는가? 여자들 때문에 남자들이 '과거보다' 힘들어졌단 말인가? 확실한 건 남녀에게 다르게 부여된 권리의 간격이 좁아졌을 뿐이다. 남자는 과거만큼 집안에서 황제로 군림할 수 없고 여자는 과거처럼 노예로만 살지는 않는다. 여자도 일을 해야 하고 그러니 자연스럽게 남자의 절대적 가정 지배력에는 약간의 균열이 생긴다. 그렇다면 굉장히 좋은 현상이다. 단지 경제적인 걸 책임진다고 해서 독재가 정당화될 리 있겠는가.

　여성의 노동시장 진출이 활발해질수록 가정 내 권력이 구성원들에게 적절하게 분배된다면 이야말로 이상적 사회다. 이상적이라는 건 '균등'이 아직은 요원한 상태임을 말한다. "남성에 대한 여성의 예속, 여성에 대한 남성의 우월성"[주32]은 전복되지 않았다. 역학의 방향성은 그대로인 채 과거에 비해 크기만 좀 작아졌을 뿐이다. 남자들은 바로 이 점이 힘들다는 거다. 남자가 여자보다 불평등해서도 아니고, 남녀가 평등해져서도 아니고, 단지 '과거만큼' 여자들이 불평등하지 않아서.

물론 '의무'의 측면에서 지금의 남자들이 겪는 고충이 과거에 비해 상상을 초월할 만큼 커졌다는 것도 명백한 팩트다. 가족 부양의 비용 자체가 아버지 세대의 경우와는 비교 자체가 되지 않는다. 그래서 분노한다면 그 화살을 여자가 아니라 마땅히 사회에 던져야 한다. 그리고 그 사회를 만든 아버지에게 다짜고짜 캐물어야 한다. 허구한 날 세상 근심 다 짊어진 표정으로 가정 내 권위를 보장받았던 아버지 말이다. 이런 사회를 만들면서 집에서는 황제 노릇을 했단 말인가. 이제는 일과 삶의 균형이 무너진 정도가 아니라 일이 삶을 건사하지 못하는 시대가 되어버렸다. 그렇다고 뼈 빠지게 일하고도 이리저리 눈치 봐야 하는 남자들의 기구한 팔자를 만든 책임을 여자에게서 찾는 건 어불성설이다.

사회의 포악스러움을 적극적으로 말하는 것을 외면한 채, 여자들 기에 눌려 산다면서 자신들의 '심리적 거세'만을 말하기 바쁜 지금의 아버지들을 보고 아들들은 이상한 걸 배운다. 이들은 아버지가 할아버지만큼 화려하게 살지 못하는 '사실'을 보고 지금의 세상이 여자들에게 훨씬 유리하다는 '착각'에 빠진다. 그래서

'여성 할당제', '여성 전용' 같은 말이 나오면 "요즘 세상에 누가 차별을 받는다고 그래?"라며 역차별을 운운한다. 이들은 가뭄에 난 콩이라서 주목받는 '매 맞는 남편', '여자 상사에게 성희롱 당한 남자' 사례를 잘도 기억했다가 데이트폭력 피해자의 절대 다수가 여자라는 사실에서 확인할 수 있는 분명한 사회 현상을 애써 외면한다. 그래서 남녀 간 벌어지는 폭력에 대해 문제 제기를 하면 유난 떤다고 비난한다. 이런 태도야말로 좋은 사회를 만들기 위한 시민으로서의 의무를 망각한 것이 아닐까.

——— 더 이상 괴물이 되기 싫은 남자들

사회구조라는 건 무섭다. 사람들은 구조 속에서 오래된 관습을 하나의 질서로 여기고 그런 공간에서 등장하는 담론을 진실 삼아 행동의 잣대로 삼는다. 아들 세대도, 아버지 세대도, 아버지의 아버지 세대도 원래부터 그런 사고방식으로 무장했을 리 없다. 하지만 한국 사회에서 성장하고 결혼하고 그냥 살다 보면 악순환의 선순환을 만들어낸다. 물론 '좋은 사회'에서는 그저 평범한 부모를 만나 그저 평범하게 학교를 다녀 그저 평범한 일상을 보내도 차별을 지양하고 평등을 지향하는 걸 당연하게 여기는 개인을 만들어준다. 이런 공간에서는 페미니즘의 'ㅍ'조차 몰라도 남자와 여자를 수직적 관계로 보는 불상사가 생기지 않는다. 하지만 '나쁜 사회'에서는 아무리 정신 바짝 차리고 살아도 주부들이 대낮에 카페에 있는 모습을 보면 "저 여자들은 의무는 없고 권리만 있네"와 같은 말들을 주절거린다.

이렇게 되는 것이 두려워 인간이라면 충분히 선택할 만한 일을 기꺼이 포기하는 사람들이 있다. 바로 아버지가 되길 거부하는 남자, 그리고 남편이 되지 않겠다는 남자들이 그러하다. 여자들 중에는 마찬가지 선택을 하는 이들이 일찌감치 있었고 그 숫자도 남자에 비해 훨씬 많다. 한국에서는 결혼을 하고 출산을 한 사람일수록 '규격화된 여자 틀(혹은 남자 틀)'에 어쩔 수 없이 갇혀 살아야 하기에, 비혼을 선택하는 건 용감하고도 아름다운 포기다. 특히나 경력단절이 '구조적으로 권장되는' 사회에서 여자들이 모 아니면 도의 길을 택하는 것은 놀랄 일이 아니다. 하지만 이제는 남자들 중에서도 '더 이상 괴물이 되기 싫어서' 어렸을 때는 당연히 선택할 줄 알았던 결혼과 출산을 포기하는 경우가 늘고 있다(평균적으로 '결혼이 반드시 필요한 것은 아니다'고 응답하는 비율은 남자는 40퍼센트, 여자는 60퍼센트 정도다).

한국 사회의 새로운 트렌드가 되고 있는 비혼, 저출산 현상을 단순히 '돈 때문에' 발생하는 것으로 봐서는 안 된다. 과거와는 다른 선택을 하는 이들 중에는 한국에서 가정을 꾸리고 아이를 양육한다는 것이 '그만한 돈을 들여서 할 짓'이 아니라고 판단한 이들이 많다. 아무리 인간답게 살겠다고 개인이 발버둥 친들, 가정을 꾸리면 삼라만상의 기운이 아내의 경력단절을 부추길 것이고 그때부터 생계 부양자인 남자는 적당한 권위를 집안에서 행사하다가 종국에는 '나만 뼈 빠지게 고생하네'라면서 우울증을 앓을 것이 분명하다.

그 상황에서 분노의 원인을 사회에서 찾아 더 나은 세상을 만들기 위해 노력한다는 게 얼마나 어려운 일인지 '아버지 되길 거부한', '남편 되길 포기한' 남자들은 잘 안다. 자신의 아버지가 보여주었던 행보를 자신이 여지없이 반복할 것이라는 두려움, 그리고 자신의 모습을 아이가 보고 배울 것이라는 확신 앞에서 스스로가 이 구조의 레일 위에 올라가기를 마다한다. 이것은 열심히 살아도 시민으로서의 의무를 다할 수 없게 만드는 사회를 향한 일종의 파업이다. 이 사회는 결혼하지 않는 남자들의 행보를 민중의 저항이라 해석함이 마땅하리라. 그만큼 '아버지처럼 살기'는 의미 없어진 시대다.

"뼈 빠지게 일해도 예전처럼 알아주지도 않아.
요즘 남자들은 정말 살기가 힘들어졌다니까."

나는 왜 여학생들을
더 좋아했을까?

'교수님은 여자만 좋아함. 남자로서 심한 소외감을 느낀 한 학기.'

내 강의에 대한 누군가의 강의 평가 내용이었다. 피식. 웃음이
났다. 사실이니까. 그것도 강의 중에는 무척이나 '더' 좋아했다.
얼핏 교육자의 '도덕 불감증'으로 볼 수도 있겠지만 오해는 마시
라. 저 문장 뒤에는 '교수님은 왜 여학생들한테만 질문하세요?'라
는 말이 더 있었으니. 나는 다 강의 잘되라고 여학생에게 질문을
'더' 했을 뿐이지, '전화번호 교환'을 원했던 것이 아니다. 그럼 저
상황조차 왜 그런지를 고민해보자. 내가 강의실에서 여학생만 좋
아할 수밖에 없는 이유를 추적하다 보면 한국 사회의 고질적인

문제가 등장한다.

강의 평가 몇 개를 더 살펴보니 이에 답할 수 있는 내용이 보인다.

> 선생님~ 저 다영이에요. 한 학기 동안 질문 너무 자주 하셔서 힘들어 죽을 뻔했어요. 이러면 앞에 앉기 곤란해요.

─────── 왜 여학생들한테만 질문하세요?

물론 다영이는 여학생이다. 매번 앞자리에서 초롱초롱한 눈빛으로 수업에 매우 집중한다. 이제 내가 '누구를' 더 좋아했는지 명명백백히 밝혀졌다. 나는 '여학생'만을 좋아한 것이 아니다. '앞자리에서 수업을 열심히 듣는 아무개 학생'에게 호감을 가졌을 뿐이다.

물론 전체 학생에게 골고루 관심 가지는 것이 이상적이긴 하다. 하지만 그것이 불가능하기도 하고 무엇보다 학생들이 그걸 원하지 않는다. 또 단지 '학점만 따려고' 들어온 대학생들에게는 강의에 집중할 수 없는 여러 가지 사정들이 있다. 그래서 뒷자리에서 다른 일을 한다. 밀린 과제를 한다거나, 주식시장의 근황을 노트북으로 살펴본다거나 하면서 말이다. 이들이 내가 소통 어쩌고 그러면서 강의실 뒤편까지 종횡무진하는 걸 달가워할 리 없다. 주거비와 물가 상승으로 아르바이트를 전투적으로 해야만 하는 학생들은 강의에 집중을 하려고 해도 '몸'이 안 따라준다. 눈을 뜨고 있지만 정신은 잠든 이들에게 질문을 던질 순 없다. 이를 고려하면, 백여 명이 넘는 교양 강의에서는 나와 '지적 영감'을 교류하고자 하는 이들에게 선택적으로 피드백이 갈 수밖에 없다. 당연히 내가 이름을 외우는 학생도 소수다. 그래서 강의에 집중하지 않다가 갑자기 고개를 들어보는 학생에게는 '강사와 특정 학생'이 지나치게 깊은(?) 이야기를 나누는 모습이 보일 수 있다. 그런데 그 '특정 학생'은 왜 여자였을까? 답은 간단하다. 여학생들이 '스펙'에 더 목말라하기 때문이다. 물론 그럴 수밖에 없는 상황이 버티고 있어서다.

청년 취업 시장에서 여성들은 흔히 '남자가 최고의 스펙'이라는 자조 섞인 탄식을 내뱉는다. 비슷한 혹은 더 뛰어난 스펙을 지니고도 번번이 남성들에게 밀리는 현실을 빗댄 표현이다. 질 좋은 일자리로 여겨지는 대기업 공채를 보면 매년 남녀 응시 비율은 비슷한데 취업에 성공한 신입 사원 성비는 압도적으로 남성이 높다. 요즘처럼 고용이 얼어붙은 때에 여성 청년 구직자들이 느끼는 이 불문율은 이제 차라리 '철의 법칙'이 되고 만다. 반면 질 나쁜 비정규직에선 여성이 꾸준히 늘고 있다. 통계청이 2015년 8월 발표한 '경제활동인구조사 부가조사 결과'를 보면 비정규직 근로자 627만 명 가운데 여성은 339만 명(54.0퍼센트)이다. 1년 전에 견줘 남성 비정규직은 2.0퍼센트 증가한 반면 여성은 4.3퍼센트나 증가(13만 8천 명)했다. 임금격차도 심해졌다. 비정규직 중 고용의 질이 가장 떨어지는 '시간제 노동자' 월 평균 임금이 남성은 79만 3천 원, 여성은 66만 6천 원으로 12만 7천 원의 차이가 난다. 지난해는 7만 원 차이였다. '차별의 이름' 비정규직이 여성한테 집중되면서 '빈곤의 여성화'는 갈수록 깊어지고 있다.[주33]

남자들이 취업 잘 된다는 이야기가 아니다. '다' 잘 안 되는데, 여자들은 '더' 안 된다는 것이다. 저렇게 말해도 자꾸만 '세상이 좋아졌다'는 분들이 많다. 공무원 같은 경우는 절반이(49퍼센트) 여성이라면서 증거자료도 내민다. 하지만 1~3급 고위직 여성 공무원은 전체의 4.5퍼센트에 불과하다. 10대 그룹에서 여성이 임원으로 승진할 확률이 0.07퍼센트이고 공기업의 경우는 (사실상 '제로'를 뜻하는) 0.002퍼센트다. 기업 이사회에서의 여성 비율을 보면 한국은 2.1퍼센트로 OECD 국가 평균 16.7퍼센트에 비해 매우 낮다. 전체 노동자의 남녀 임금격차도 36.6퍼센트로 OECD 국가 평균 15.6퍼센트보다 배 이상이다. 그러니 과거에 비해 '회사에' 여자들이 증가했지만 여전히 OECD 국가 중 '유리천장 지수'가 1위다. 지하철이 '출근하는 여자들로 붐빈다고' 세상 좋아진 거 아니라는 말이다. 20대 대기업의 여성 직원 비율은 14.5퍼센트에 불과하다. 근속 연수도 남성은 13.8년이지만 여성 9.2년이다.[주34]

─────── 다영이가 A⁺에 목숨을 거는 이유

사회의 이런 비대칭은 여전히 고등학교 교실에 '30분 더 공부하면 내 남편 직업이 바뀐다'와 같은 '같잖은' 급훈이 걸려 있게 만든다. 그리고 대학은 이의 연장선이다. 여대생들은 스펙에 목마르다. 학점 관리는 그중 하나다. 목마름은 애처로운 행동으로 나타난다. 은밀히(?) 교수를 따로 찾아와 강의 내용에 대해 질문하는 쪽도 여학생이 많다. 그만큼 공개적인 자료 공유를 꺼린다는 말이다. 수업 노트를 안 빌려주는 쪽도 여학생이다. 앞자리에서 남들보다 꼼꼼하게 노트 필기를 했으니 당연하다. 성적 장학금을 받는 학생들 중 70퍼센트가 여자인 것은 당연한 결과 아니겠는가.[주35] 기업이 같은 조건이라면 남자를 선호하니까 여자들은 객관적으로 더 좋은 조건을 보유해야 한다는 부담감을 가질 수밖에 없다. 학점은 수치적으로 '우위'를 증명할 수 있는 굉장히 중요한 '스펙'이다. 그래서 '독한 년'이 되어 앞자리에 앉을 수밖에 없다.

그런데 이렇게 너무 악착같이 살다 보면 목표를 달성하지 못했을 때 쉽게 무너진다. 이런 특징은 성적에 대해 이의를 제기할 때 여실히 드러난다. 아주 '즉각적이고 감각적'이다. 보통 남학생들은 '이때만큼은' 예의가 바르다. "바쁘신데 죄송합니다"로 시작해서, "한 번만 더 심사숙고해주시면~"이라면서 간절함을 표현한다. 그 반면에 여학생들은 사뭇 공격적이다. "제가 왜 이 성적을 받아야 되는지 이해가 안 돼요"라고 의심하거나 "그렇게 주관적으로 평가하지 마세요!"라고 협박까지 하면서 넘지 말아야 할 선을 아슬아슬하게 오간다. "전 정말 결석 한 번 안 했다고요"라는 식의 비논리적인 하소연도 많다. '개근'이 곧 점수가 아니라는 것쯤은 본인도 모르지 않을 터. 그러나 '꼭지가 돌면' 성적의 원인을 답안지 '외'에서 찾는 지경에 이른다. 이 현상에 대해 수업에서 진지하게 토론한 적이 있다. 그때 한 남학생의 진솔한 고백이 무척이나 인상 깊었다.

제가 관찰한 바로는 "뭐 이것저것 준비해보다가 안 되면 아버지가 가게라도 차려준다고 했으니 걱정 없다"라는 말을 여자가 하는 경우를 본 적이 없습니다. 아니, '가게를 차려줄 형편을 가진 아버지'가 아들만 낳았을 리는 없는데 왜 그런 것일까요? 마찬가지로 "뭐, 나중에 아버지 가게라도 이어받아야지"라는 말도 남자들만의 전유물 아닙니까? 전국의 자영업자들 중에는 자녀가 딸인 경우가 없다는 말입니까?

    항상 앞자리에 앉았던 다영이의 아버지는 삼겹살 가게를 20년 넘게 운영하고 있다. 다영이는 지금껏 단 한번도 '자신이 가게를 이어받는다'고 생각해본 적이 없다. 그런데 아직 고등학생인 남동생은 수년 전부터 "정 안 되면 아버지 가게에서 일이라도 배워야지"라면서 '가업 계승'을 전제하고 미래를 설계한다. 그러면서 취업 걱정을 하는 누나를 보고 "왜 그리 기죽고 살아? 설마 죽기야 하겠어?"라고 위로한다. 설마 죽지는 않을 남자다운 위로다. 그래서 다영이는 A⁺에 목숨을 건다. 초롱초롱한 눈빛으로 강의를 들으니 강사에게 사랑받지 않을 수 있겠는가.

회사에 남자가 많은 건
다 이유가 있다니까

영화 〈내 깡패 같은 애인〉(2010)은 청년들이 겪고 있는 취업에 대한 애환을 잘 묘사한다. 주인공 손세진(정유미)은 다니던 회사가 부도나서 졸지에 백수 신세가 된다. 그리고 깡패가 이웃인 반지하 방으로 이사를 간다. 그녀는 재취업을 위해 눈물겹게 노력하지만 현실은 녹록지 않다. 오히려 지방대 출신, 그리고 여자라는 최악의 조건으로 '서울 안의 기업'에 취업하기 얼마나 힘든지를 스스로 적나라하게 증명할 뿐이다. 면접장에서 그녀는 유령이 되기 일쑤다. 물어보질 않으니 잘할 수 있다는 것을 증명할 기회조차 없다. 이상한 걸 증명해야 할 때도 있다. 면접관이 손담비의 '토요일 밤에'를 춤추면서 불러보라고 한다. 그녀가 주뼛거리자

"왜요? 못하겠어요?"라면서 압박한다. 결국 춤을 춘다. 취업을 미끼로 하룻밤 섹스를 제안하는 놈들도 있다. 딸의 비루한 삶이 애처로운 부모는 "그런 세상에 굳이 맞설 필요가 있느냐?"면서 지방(가정)에 머무르기를 강요한다.

물론, 영화는 우여곡절 끝에 '능력만으로 사람을 판별하는' 회사를 정말이지 '영화처럼' 만나서 취업에 성공하지만 현실에서 이런 경우는 애석하게도 로또 당첨과 같다. 여자들은 몸으로 체득한 억울함이 클수록 당연히 더 위축된다. 이는 고스란히 목표 상실로 이어지고 '능력 자체'가 떨어지는 결과를 낳는다. 그 결과만을 놓고 세상은 또 차별을 시작한다. "이봐, 회사에 남자가 많은 건 다 이유가 있다니까."

─────── 차별을 합리화하는 풍경

평가가 공정하지 않은 상태에서 '드러난' 객관적 결과가 어떻게 '객관성'을 보장받겠는가. 취업난을 다룬 시사 프로그램에서 이런 사례가 등장한다.[주36] 경희대학교를 졸업하고 연세대학교 대학원을 마친 여대생이 취업 면접 때마다 "여자가 왜 대학원까지?"라는 뉘앙스를 풍기는 질문을 많이 받았다고 한다. 그래서 앞으로는 이력서에 대학원 학력을 제외할 예정이란다. '더' 준비를 해도 색안경을 끼고 평가한다면 누가 '더' 노력을 하겠는가.

이런 문제가 공론화되지 않는 이유는 간단하다. 사람들이 자꾸만 '그럴 수밖에 없는 이유'를 찾기 때문이다. 한국에서는 취업 과정에 여자들이 공정하지 못한 대우를 받고 있는 현실에 대한 화제가 떠오르면 '사회적으로 어떤 문제'가 있는지에 대해 머리를 맞대고 고민하는 것이 아니라, "어쩔 수 없다. 여자는 원래 그렇다. 기업 입장에서는 어쩔 수 없다!"면서 차별을 왜 합리화해야 하는지를 토론하는 진풍경이 펼쳐진다.

주로 남자들이 내뱉는 말이지만 '더 남자다워' 승진할 수 있었던 여자들 중에도 "나도 여자지만, 내 밑에는 남자가 왔으면 좋겠다!"면서 '어쩔 수 없음'을 거들어주는 경우도 많다. 정말이지 이야기를 안 끄집어낸 것보다도 못한 결과다. '그럴 수밖에 없다면서' 벌어진 일을 문제 삼는데, 그럴 수밖에 없으니 문제 삼지 말라면 무엇을 문제 삼을 수 있단 말인가?

도대체 왜 그렇게 생각하느냐고 물어보면 대답은 동일하다. 남자는 시킨 일만 하지 않고 다른 것도 알아서 잘 한단다. 내가 직장인이 아니라서 잘 이해가 안 된다고 하면, 꼭 이 사례를 등장시킨다. 대학에서 해봤던 조 모임을 떠올려보라고. 그러면서 "여자들은 스스로 뭘 하려는 의지가 없어요!"라고 흥분한다. 정말일까? 내 글에 대한 댓글을 살펴보니 '대학 조 모임'에서부터 이미 여자는 그때부터 '될성부르지 못한 떡잎'이었음을 증언하는 내용

들이 있다. 누군가가 경험했다면서 올린 글을 보자.[주37]

여자들은 조별 과제에서 항상 뒷구멍에 앉아서 받아먹으려고만 하죠. 여자들끼리 구성된 조는 잘할까? 당신이 말하는 찍어 누르는 남자가 없는데 서로 안 하려고 한다. 그 집단의 특정 몇 명의 문제일까? 여자라는 동물 자체의 문제일까? 서로 뭉치지도 않고 뭐 좀 하려고 하면 약속이 있다, 바쁘다, 아프다, 다른 공부해야 한다는 등 온갖 되도 않는 핑계를 대면서 빠져나가기 급급하다. 뭐가 될 리가 없다.

이분은 그러면서 '조 모임 유형'을 친절하게 나누어 설명한다.

남자만 있는 조　집단 구성이 매우 잘된다. 총대를 메는 사람, 지원하는 사람 등등 자신의 역할이 분명하게 나누어지고 각자 할 일을 해낸다. 완벽하지 않더라도 서로 도와주고 보완하는 피드백을 통하여 최상의 결과를 만들어낸다.

남자가 많고 여자가 적은 조　일단 여자들은 빠져나가기 급급하다. 어차피 남자들이 많으니까 자기들은 안 해도 되겠다 이거다. 모임에도 절대 참석하지 않으며 참석하더라도 정신은 별나라에 가 있다. 그래도 남자가 많으니 조 모임의 성과는 나쁘지 않다. 이때, 불쌍한 남자들은 '과제에 공헌한 정도를 묻는 자체 평가'에서 여자를 배려해준다. 불쌍하다.

남자가 적고 여자가 많은 조 역시 여자들은 빠져나가기 급급하며 몇 명 되지 않은 남자에게 모든 일을 부담시킨다. 당연히 성과가 잘 나올 리도 없으며 막상 성과가 안 좋으면 이 망할 여자들은 남자들을 비난하기 바쁘다.

여자만 있는 조 볼 것도 없다. 개판이다. 단합은 절대 안 되고 성과가 나오는지 안 나오는지 알 수도 없다. 그나마 개중에 능동적인 여자가 있다면 그 사람 혼자 다 도맡아서 한다. 그런데 이 여자, '공헌도 평가'에서 다른 조원들에게 최하 점수 준다. 그리고 서로 싸운다.

과거에 경험한 분노는 직장 생활을 하는 글쓴이의 현재 시간을 지배한다.

회사라도 다르지 않다. 여자들만 있는 회사에서는 어쩔 수 없이 성과 때문에 스스로 하지만 이것은 상대편에 대한 질투심 때문이지, 결코 능동적으로 무엇을 하려고 하지 않는다. 결론은 일은 더럽게도 안 하면서 월급 올려달라고 하고 퍼뜩하면 성추행 타령에 아주 가관이다. 여성운동은 개뿔, 남성운동을 해야 할 판이다. 당신이 남자라서 여자들의 그 어이없는 생리를 잘 모르는 것 같아서 길게 적었다. 그런 사실들을 알게 되면 낯부끄러워서 이따위 돼먹지 못한 글은 작성도 못할 것이고 블로그도 폐쇄할 것이다.

——— 남자는 사람 문제, 여자는 여자 문제

나는 이 사람이 말한 조 모임 때의 여자들 모습을 '전혀 그렇지 않다'는 식으로 말할 생각은 없다. 그래 봐야 남자들은 증거자료를 '악착같이' 찾아서 "분명히 그런 경험을 했는데 왜 아니라고 하는 거야?"라고 반격할 것이다. 따져봐야 할 것은 '같은 경우', 그러니까 남자가 '조 모임에서 개판을 치는 무수한 경우'를 왜 같은 이치로 해석하지 않느냐는 것이다. 앞 글의 댓글을 보고 어느 여자분은 '마찬가지의' 고백을 (미러링 방식으로) 한다.[주38]

저와는 너무도 다른 조별 활동 상황에 심심한 유감의 말씀을 표하는 바입니다. 아이고, 맙소사. 남자들, 얼마나 산만하고 정신없던지. 초등학교 때부터 지금까지 산만하고 정신없고 계획성이라곤 물 말아먹은 남자들 틈바구니에서 겨우겨우 여자들 두셋이 꾸려온 조 활동을 떠올려보니 눈물이 납니다. 댁이 말한 책임감 강한 그 남자들은 어디 갔는지.

남자만 있는 조　하루 종일 모이면 술만 퍼먹다가 시간 닥쳐서 대충 합니다. 발표나 예상 질문 준비 따위 그냥 그날 애드리브로 때우면 된다고 생각합니다.

남자가 많고 여자가 적은 조　매번 모여서 밥 먹고 회의만 하는데 여자는 발언을 잘 하지 않습니다. 아니 발언을 해도 무시를 당합니다. 만약 여자가 예쁘면 여자 보려고 계속 이빨만 까면서 쓸데없이 모이자고 해놓고 수다만 떨다가 그냥 해산하게 만드는 남자 놈이 한둘 등장합니다. 남자만 있는 조에 비해 시간은 더 오래 걸리는데, 그다지 결과물은 좋지도 않습니다.

남자가 적고 여자가 많은 조　남자는 준비하러 잘 나오지도 않으리라 생각해 준비 과정에서 하는 일이 없습니다. 그래서 PPT라도 만들라고 하죠. 자료 조사 다 해서 요약본까지 넘겨줘도 PPT는 예정된 날짜까지 업로드되지 않고 날짜 넘겨서 발표 직전에야 올라오죠.

여자만 있는 조　완전 분담이 잘 되어 다섯 명이라 치면 세 명은 자료 조사, 한 명은 PPT, 한 명은 자료 총합과 발표를 맡습니다. 충분히 조사한 뒤 정보가 부족하거나 이해가 안 되는 부분이 있으면 교수님과 상담도 합니다. 미리미리 준비 완료되면 다시 스터디 룸에 모여서 발표 예행연습과 예상 질문에 대한 답변을 준비합니다.

보통 여자 애들이 성적에 더 목숨을 걸고 조가 구성되었을 때 서로의 성향을 쉽게 파악하기 때문에 각자 재능에 맞는 분담을 빠르게합니다. 준비도 미리미리 합니다. 그런데 남자들 끼면 대책이 없습니다. 여자애들은 조가 구성되자마자 각자 분담을 끝내고 중간 조율하는 날이나 취합하는 날에만 만나면 되는데, 남자들은 만나기만자주 만나고 회의를 해도 매번 이야기가 샛길로 샙니다. 사전 정보를 공부해온 사람의 의견을 사전 정보 없이 자기 생각대로 묵살하는 경우가 가끔 있는데 이 경우 100퍼센트 남자입니다. 그래서 남자가 많은 조에 들어간 여자들은 무슨 의견을 제시해봤자 씨도 안먹히는 걸 아니까 아예 입을 닫습니다. 저는 무임승차하는 인간들답답해서 미리미리 실토하고 최소한의 일만 하라고 아예 처음부터말합니다. 이 경우에도 여자들은 그나마 시키는 거 해오는데 남자들은 그마저도 안 하고 잠적하거나 하나 마나 한 수준의 결과물을들고 옵니다. 심지어 주제도 제대로 맞지도 않는, 다른 수업에서 했던 발표문을 들고 와서 "안 걸리기만 하면 되는 거 아닌가요? 굳이이런 강의에 이렇게 시간 투자할 필요도 없고"라면서 조원 전체를기만하기도 합니다.

아마 당신이 남자라서 (몇몇, 그러나 본인이 겪은 대다수) 남자들의 그어이없는 무책임과 근거 없는 오만함을 잘 모르는 것 같아서 길게적었습니다. 그런 사실들을 알게 되면 낯부끄러워서 이따위 돼먹지못한 댓글은 작성도 못할 것이고 인터넷도 끊을 것입니다.

여자들을 상대로 '조 모임에서 남자들이 얼마나 황당했는지'를 물으면 이러한 증언들은 그칠 줄 모른다. 그렇다면 '조 모임'의 문제는 남녀 간의 차이로 벌어지는 문제가 아닌 사람 간의 차이로 일어나는 문제이다. 무임승차를 즐기는 개념 밥 말아먹은 사람들은 우리 주변에 늘 존재한다. 문제는 '여자가' 진상인 경우에만 사태가 부각된다는 것이다.

내가 경험한 것처럼 '남자들이 여자들의 조 모임 태도'를 증언하는 것은 스스로가 사례를 들면서 댓글을 다는 매우 능동적 행위다. 열려 있는 공간에서도 서슴없이 그런 생각을 하고 산다는 것이다. 하지만 여자는 '나도 똑같이 말해줄까'처럼 일종의 각오를 하고 사례를 들었다. 이는 일상에서 '똑같은 것을 경험'하고도 '남자들은 그렇다'라고 일반화할 수 없었다는 것을 의미한다. 사실 여부를 떠나 그렇게 하면 욕만 들어먹으니까.

일반화의 오류를 저지를 수 있는 것조차 불평등한 상황에서 남자들이 조별 모임을 주도하는 것은 지극히 당연하다. 군대를 다녀온 복학생이 조장을 하고 회의 중에 성희롱 수준의 말들을 하는 건 예사다. 또 이를 문제 삼으면 시시콜콜한 농담에 과하게 반응한다면서 '팀을 생각하자'는 궤변도 일삼는다. 이것이 정형화되면 여자들 스스로가 '조 모임에서 여자들의 역할에는 한계가 있다'고 생각하는 것이 속 편하다. 결국 똑같은 잘못을 해도 남자라면 '사람 문제'가 되고 여자라면 '여성 문제'가 된다. 이 경험을 고스란히 안고 많은 이들이 사회로 진출했다. 어떤 사람의 문제를 여성 전체의 문제로 포장해버리는 잘못된 일반화의 오류가 직장 내에서도 만연해진다. '여자들은 회식 자리에서 안주만 먹는다'면서 여자들의 '낮은 사회성'에 대해 지적하는 남자도 등장한다. 이런 비상식스러운 차별적 시선에 여자들이 능력 발휘의 한계를 느끼는 건 당연하다. '그럴 수밖에 없는' 이유는 이렇게 등장한다.

절대자의 성은
과연 남성일까?

나는 가톨릭 모태 신앙자다. 어머니께서 독실하셔서 성당에 있는 유치원을 다녔고 주일학교를 '학교보다 더' 열심히 다녔다. 교리 교사도 오래 했고 성당 후배와 연애하고 결혼했다. 결혼식도 성당에서 했다. 하지만 지금은 등을 돌렸다. 공부를 하다 보니, 과학적인 설명에 익숙해졌고 그래서 종교적인 설명을 받아들일 수 없다는 이유만은 아니다. '종교는 민중의 아편이다'라는 마르크스의 말처럼 자본주의 사회의 문제점을 묵인하는 교회가 싫어서만도 아니다. 나는 전지전능한 개념을 빌리지 않으면 설명할 수 없는 이치가 있다고 여전히 믿고 있다. 그러나 도무지 성당으로 발걸음이 가지 않는다. 그곳에 가면 몸과 마음이 너무 피곤해지기 때문이다.

얼마 전 무더웠던 어느 날 나는 친척의 부탁을 받고 견진성사 대부(代父)를 서기 위해 한 성당을 찾았다. 성당 안은 매우 혼잡했고 나는 겨우 내 자리에 앉았다. 그런데 갑자기 해설자가 "신자들은 모두 밖으로 나가주세요"라고 한다. 무슨 영문인 줄 몰랐다. 그 순간 드는 생각은 세례자와 대부(대모)가 함께 '촛불'을 밝힌 채 입장하는 의식을 치르려고 그러나 싶었다. 귀찮은 의례지만 아날로그식 축복의 관례이니 잔칫집에 초대받은 손님이 훼방을 놓을 이유는 없었다. 그런데 충격적인 멘트가 이어졌다. "이제 곧 오실 주교님을 환영하기 위해서 연습을 하겠습니다!"

——— 젠장, 지금 전두환 행차하나

이날 충격은 여러 차례에 걸쳐서 나를 강타했다. 첫째, 아직도 이런 행사를 한다는 사실이다. 어릴 때 수도 없이 동원되었던 행사지만, 시대가 점점 좋아진다고 하는데 이 무슨 독재의 잔재냐 말이다. 둘째, 군사독재 시절에나 볼 법한 스타일에 기겁을 했다. 골목길에서부터 성당 입구까지 족히 200여 미터 되는 양쪽 길에 신자들이 도열되었다. 사전에 신자들과 어떤 합의도 없었다. 심지어 나처럼 외부에서 온 손님마저도 '미안하다'는 사과 한 마디

듣지 못하고 끌려 나갔다. 얼마나 '당연하게 생각했으면' 이랬을까 싶다. 셋째, 이 행사를 진두지휘하는 사람은 물론이고 참여하는 신자들의 대부분이 정말로 열성적이었다. 평신도 회장이라는 남자는 확성기를 들고 "제가 여기서 이런 동작을 취하면 주교님 차가 들어온다는 신호니까 그때 환호하시면서 박수를 치시면 됩니다!"라면서 마치 군무를 연상케 하는 동작을 보여주고 있었다. 넷째, 이를 몇 번씩 연습했다. 예정보다 주교가 늦게 왔는데 그만큼 연습을 더 했다. 그리고 다섯째, 반소매를 입고 있어도 땀이 줄줄 흐르는 날씨였지만, 성당 입구 쪽에 배치된 여자들 백여 명은 전부가 한복을 입고 있었다. 충격은 자연스레 내 입을 (아주 작게) 열게 했다. "젠장, 지금 전두환 행차하나."

여섯 번째 충격은 주교가 나타난 다음부터다. 그때까지만 해도 난 이런 의전 행사를 주교가 말릴 줄 알았다. 그래서 내리면서 신자들에게 얼른 성당 안으로 들어가자고 할 줄 알았다. 머리를 긁적거리며 "앞으로 이러지 않았으면 좋겠습니다"라고 민망해하는 것이 당연하다고 생각했다. 결론은 개뿔이다. 주교는 성당 앞에서 본당 신부가 문을 열자 거만하게 차에서 내린다. 본당의 주임 신부와 보좌 신부는 90도로 절을 한다. 이들의 안내에 따라 주교는 느릿느릿 걷는다. 주교가 자외선에 노출되는 것을 걱정해서일까. 옆에는 예전 조선 시대에 임금 행렬 때나 보던 크고 긴 우산을 든 '한복을 입은 여자'가 유령처럼 서 있다. 이 짓을 시킨 자는 또 누구일까? 이 짓을 말리지 않은 자는 또 누구일까? 자기들끼리는 좋아서 하겠지만 내 '머리'는 불편하다. 나는 이런 일을 왜 하는지도, 그것을 왜 여자가 하는지도, 그리고 그 여자가 왜 한복까지 입고 있는지도 전혀 이해할 수가 없다. 설령 이유가 있다 한들, 이해하고 싶지 않다. 내가 사는 세상에 이런 일이 너무나 당연히 일어나는 것이 불편하고 짜증 날 뿐이다.

———— 의식에서는 왜 항상 여자가 들러리로 등장할까

주교는 이들을 대동하고 왼쪽, 오른쪽 라인을 지그재그로 이동한다. 가끔 신자들의 손도 잡아준다. 여유만만이다. 어느 지점에 이르자 여름과 너무나 어울리지 않은 복장을 한 화동(花童)들이 방금 전까지 수없이 연습했던 꽃다발 전달하기 임무를 수행한다. 주교는 머리 숙여 아이의 머리를 어루만져 주고 본당으로 올라간다. 올라가는 길에는 주일학교 교사들이 "주교님, 사랑해요!"라는 글자판을 들고 치어리더를 흉내 낸다. 정말이지 '쌩쇼'를 하고 자빠졌다. 염장질은 1시간 30분 동안의 미사를 마치고도 계속된다. 해설자는 "어렵게 본당을 방문해주신 주교님을 위한 환영 행사를 하겠습니다"면서 신자 퇴장 금지를 명령한다. 그럼 아까 한 건 뭐였지? 그런데 또 주교는 우레와 같은 박수를 받으면서 등장한다. 꽃

다발도 '또' 받고 성가대의 축하 단체 합창이 선물로 이어진다. 그리고 인생에 전혀 도움 안 되는 설교가 장황하게 이어진다.

너무나도 권위주의적인 것도 문제고 이런 의식에서는 필연적으로 여자가 '들러리'가 되는 것도 문제다. 하지만 가톨릭 조직은 늘 남성이 중심이기 때문에 이런 구도가 전혀 어색하지 않다. 천주교 문화는 개신교보다도 더 남성 중심적이다. 여자 목사는 존재하지만 여자 사제는 없다(성공회에서만 가능하다). 남자 사제가 미사를 시작하고 마친다. 여자 성직자는 수녀(修女)가 있는데 성당에서 수녀가 하는 일이라고는 남자 성직자를 '돕는 것'뿐이다. 수녀의 주요 역할은 때가 되면 제단의 꽃을 교체하고 미사 전에 사제들의 옷을 준비하고 미사 때는 한쪽 구석에서 마이크를 잡고 성가를 선창하거나 급할 때는 오르간 반주도 한다. 같은 성직자라면 축복의 광선이 나간다고 하는 동작들을 자주 취해야지 그 권위가 설 터인데, 그런 기회 자체가 없다. 성당에서 성직자 역할은 '남자만' 할 수 있다. 사제가 주인이기 때문이다. 살면서 전혀 이해되지 않는 것 중의 하나가 사제를 남자만 할 수 있다는 규정이었다. 아무리 생각해도, 그 직업을 남자만 할 수 있다는 이유를 모르겠다. 과거에는 그냥 그것이 합리적인 줄 알았지만 '시대가 변하면서' 나는 당연히 의문을 가졌다. 어떤 직업에 성차별이 있으려면 '그럴 만한 이유'가 있어야 한다. 없으면 변해야 한다. 이제 '여대에도 ROTC가 있을 정도로' 군대도 많이 변했다. 변하지도 않고 이유도 제대로 제시하지 못하는 집단은 사회적 신뢰를 상실할 수밖에 없다. 지난 수십 년간 달라진 성당의 풍경은 미사 때 사제 옆에서 시중드는 역할을 하는 복사(服事)를 여자도 할 수 있게 되었다는 것뿐이다. 내가 어릴 때는 어림도 없었던 일이었다. 그 외에는 시대의 변화에 아랑곳하지 않고 마이웨이를 간다.

사제를 왜 남자만 하느냐에 대한 가톨릭 측의 대답은 한결같다. 별로 설득력은 없다. 성서를 참조하면 어쩔 수 없다는 입장이 전부다. 실제 성서 안에 '여자가 사제직 하면 안 된다'는 어떤 구절도 없지만 '여자가 사제직을 수행한 사례가 없다'는 걸 그 근거로 삼는다. 하느님 '아버지'께서 내 '아들' 예수 그리스도를 보내셨고 그분은 열두 '남자' 사도들을 제자로 삼았고 이 사도들이 교회를 만들었으니 여기에는 분명 '남자가 사목(司牧) 활동에 적합하다는 의미'가 내포되어 있다는 식이다. 이것이 성별과 관계없는 '직업 선택의 자유'를 제한하는 근거가 될 수 있을까?

─────── 종교는 남성 중심주의 사고의 온상

지난 시대의 맥락에서 고려해야 할 성서의 내용을 여전히 '지금의 사회'에 적용시키는 경우는 무척 위험하다. 2000년 전에 기록된 성서에는 '공룡'도 등장하지 못했다(성서는 천주교에서는 73권, 개신교에서는 66권을 인정하고 있는데, 이 중 '가장 늦게' 기록된 성서는 그 시기가 100년경 정도로 추정되고 있다). 공룡이 멸종하고 그 화석은 아주 오래전부터 인간에게 발견되었지만 그 뼈를 보고 '파충류처럼 보이지만 파충류는 아닌 다른 생명체'라는 의문을 품은 것은 1822년에 이르러야 가능했기 때문이다. 유럽 사회의 과학적 수준이 발달하고 무엇보다 다윈의 '진화론'이 주목받으면서 세상을 이해하는 패러다임이 완전히 교체되었기에 가능한 일이었다.

이때부터 고고학은 융성해졌고 지구의 역사는 더욱 구체적으로 증명된다. 비록 성서의 뜻이 '거룩한 책'이지만 공룡 화석이 '발견되기 전'의 사회적 패러다임에서 자유롭지 못하다. 성서의 집필자는 자신이 알 수 있는 모든 지식을 동원해서, 게다가 신학에서 말하듯이 특별한 '성령이 임하신 상태'에서 메시지를 전달하고자 하겠지만 '공룡'이란 존재를 알 턱이 없다.

즉 성서를 근거로 삼을 때는 그것이 '2000년 전의 사회문화적 배경'에 강하게 영향 받고 있다는 것이 전제되어야 한다. 2000년 전에, 기존의 교리를 타파하고 새로운 가치를 전파하는 것을 목적으로 하는 성서가 그 주인공을 과연 '여성'으로 설정할 수 있었을까? 남자가 아닌 자가 영웅이 된다는 것은 지금도 쉽지 않은 일이다. 그런데 만약 '여성'이 주인공이 되어 이야기가 전개될 경우 당시의 독자 누구도 내용에 몰입할 리 없다. '어떻게 여자가 이런 일을 하는 거야? 말도 안 돼!'라는 의문을 가질 테니 말이다. 그러니 '남성 위주'로 서술되었을 수밖에 없다. '하느님 아버지'와 '내 아들 예수 그리스도'라는 부계 중심의 계승은 성서 집필자가 사회의 스테레오타입을 충실히 반영했다는 증거인 셈이다. 그러니 '그 시절에 기록된' 책의 내용을 지금 현실에 적용하는 건 어불성설이다.

내가 이런 논의를 던지면 가톨릭 사제 중 십중팔구가 '직무상 특성'을 이해해야 한다면서 반론을 펼친다.

한국에서 사제는 단순한 신앙의 교본으로서만이 아니라 '성당'이라는 회사를 운영하는 개념이라고 생각해야 된단다. 그래서 많은 사람들을 만나야 하고 결정할 것이 많다는 등의 잡설을 이유랍시고 내뱉는다. 바보들. 그런 논리야말로 '남성 중심주의' 사고의 절정 아닌가? 왜 회사 운영을 남자만이 할 수 있다고 생각할까? 그렇게 되물으니 사회의 특성상 남자가 주도적인 위치에 많이 있는데, 이를 상대하려면 어쩔 수 없다는 식의 자폭성 멘트를 날린다. 사실 종교가 한 사회의 좋지 않은 관습이나 악습에 맞서 싸우기는커녕 오히려 그것의 온상으로 자리 잡은 것은 어제오늘의 일이 아니다.

이런 주장을 하면 '절이 싫으면 중이 떠나라'에서부터 '뭐 눈에는 뭐만 보이는 거다'는 식의 비아냥과 조롱을 듣기 십상이다. 떠나라니 떠나겠다만, 뭐 눈에는 뭐가 문제인지조차 왜 안 보이는지 모르겠다. 다시 묻고 싶다. 전지전능한 절대자의 성(sex)은 남자(male)일까?

누가 논개를
기생이라 말하는가

아득히 먼 옛날, 잔인한 아시리아 군대가 평화롭던 유대의 산악 도시인 베툴리아를 침략했다. 군대를 이끌고 온 장수 홀로페르네스는 잔인하기 그지없었다. 남자는 죽이고, 여자는 겁탈하고, 재산은 약탈하는 등 도시 전체를 유린했다. 이를 보다 못한 귀족 출신의 과부 유디트는 화려하게 치장하고 홀로페르네스를 유혹한 후 가차 없이 목을 잘랐다. 수장을 잃은 아시리아 군대는 물러가게 됐고, 유디트 덕분에 베툴리아는 자유를 되찾았다. 우리의 '논개' 이야기와 비슷하다.주39

〈구약성서〉에 등장하는 외경의 인물, '유디트'(Judith) 이야기다. 정리하자면, '예쁜' 여자가 적국의 장수를 '꼬드겨' 뜨거운 하룻밤을 보낸 뒤, 남자가 방심하는 틈을 타 목을 따는 이야기다. 대충만 들어도 '흥미진진한' 이 콘텐츠는 후대에 많은 '남자' 화가들에 의해서 재현됐다. 작품들의 콘셉트는 '섹시'다. 남자 화가들은 '팜파탈' 유디트를 한눈에 보아도 남자들이 '뻑갈' 만한 요염한 자태로 그렸다.

그러나 이탈리아의 여성 화가 아르테미시아 젠틸레스키(Artemisia Gentileschi, 1593~1656?)가 그린 유디트는 완전히 달랐다. 어릴 적, 아버지의 친구로부터 성폭행을 당한 그녀는 이에 대한 법적 소송 과정에서 오히려 여론의 전형적인 마녀사냥(자기가 꼬리 친 거라던데?)을 당한 경험이 있다.

남성 중심 사회의 편견을 그대로 체험한 젠틸레스키는 유디트를 남성 화가가 표현한 것과는 완전히 다르게 재현했다. 스승 격인 당대의 대표적 남성 화가인 카라바조(Michelangelo Merisi da Caravaggio, 1573~1610)의 작품과 비교해보면 극명한 차이를 느낄 수 있다.

———— 젠틸레스키와 카라바조

젠틀레스키, 〈홀로페르네스의 목을 베는 유디트〉(Judith Beheading Holofernes),
1612~1621, 우피치 미술관

평론가들은 이를 여러 지점에서 해석한다. 우선 유디트의 외모
에 대한 차이부터 언급한다. 위 그림에서 유디트는(맨 오른쪽) 덩
치부터가 크다. 초절정 미녀이자 적장을 꼬드긴다는 설정과는 잘
맞지 않는다. 하지만 카라바조가 그린 유디트(219p)는 피부부터
곱다(가운데). 게다가 하녀를 주름살이 만연한 할머니로 표현해
서 대비 효과가 좋다. 다음은 홀로페르네스이다. 위 그림에서 그
는 분명히 마지막 발악을 하고 있다. 역동적인 그의 두 손의 위치

카라바조, 〈홀로페르네스의 목을 베는 유디트〉(Judith Beheading Holofernes),
1598~1599, 로마 국립 고전회화관

가 이를 증명한다. 특히 별로 중요 인물이라고 생각되지 않을 수
도 있는 하녀가 (마치 자신이 주인공처럼) 정중앙에서 열심히 이
거사에 '동참'하고 있다. 그만큼 현재 상황이 다급하고 위험하다
는 뜻이다. 평론가들은 이를 정녕코 여성의 입장에서 '그 순간'에
느낄 수 있는 감정을 있는 그대로 표현한 것이라 평가한다. 카라
바조의 그림은 아예 말을 말자. 젓가락으로 국수 집는 퍼포먼스
인가? 소시지도 힘 안 주면 썰리지 않는데 사람 목이 어찌 저렇

게 순순히 칼에 썰린단 말인가? 게다가 하인은 참관인 수준이다. '거사'가 참 쉬워 보인다. 실제 상황에서 저렇게 차분할 리가 있겠는가. 카라바조는 '그녀가 잘 꼬드겼다'는 것만을 강조하고 싶었을까? 결국 여자는 여우라 그 말인가.

─── 젠틸레스키와 알로리

크리스토파노 알로리(Christofano Allori, 1577~1621)의 작품과 비교해봐도 재미있다. 그는 유디트가 목을 자른 후의 장면을 포착했는데 역시나 이 순간을 묘사한 젠틸레스키의 작품과는 전혀 다른 느낌이다. 이 두 그림에서 가장 결정적 차이는 '시선'이다. 젠틸레스키는 거사 후 여자가 그 상황에서 느낄 수밖에 없는 공포와 경계심을 적극적으로 표현했다. 오른쪽 그림(221p)에서 유디트는 칼을 어깨에 그대로 댄 상태에서 혹시 누군가가 엿보고 있지는 않는지, 혹은 홀로페르네스의 절규를 듣고 그의 경호원들이 들이닥치는 것은 아닌지 걱정한다. 하지만 알로리의 그림(222p)에서 유디트는 전리품을 들고 환호하는 전형적인 남성 장수의 모습과 일치한다. 갑옷 휘날리는 장군처럼 유디트의 옷도 대단히 화려하다. 만약 당신이 여자라면, 이와 같은 긴박한 상황에서 포즈를 취할 여유가 과연 있었을까?

젠틀레스키, 〈유디트와 하녀〉(Judith and her Maidservant),
1613~1614, 팔라초 피티

알로리, 〈홀로페르네스의 머리를 들고 있는 유디트〉(Judith with the Head of Holophernes), 1580?, 팔라초 피티

─── 죽어서도 능욕당한 논개

그럼 조선의 유디트, '논개'에 대해 이야기해보자. 이 영웅은 과연 '있는 그대로' 묘사되었을까? 논개는 초등학생 위인전 목록에도 빠짐없이 등장한다. 그래서 어린이들도 "기생 논개가 말이야, 적의 장수를 술로 유혹해서 열 손가락에 반지 낀 손으로 끌어안고 함께 강으로 퐁당했잖아" 정도로 말할 줄 안다. 기생이 무엇을 뜻하는지 정확히는 아니지만 '일반적(?) 여자는 아니라는' 것쯤은 대충 아는 눈치다. 어른들도 진주대첩보다는 논개를 더 또렷하게 기억한다. 위인전에도 등장하는 기생 논개, 그녀는 과연 '위인 논개'로서 대접받고 있을까? 아니면 결국 '기생답게' 푸대접을 받고 있을까?

　이 이야기를 끄집어낸 이유는 논개가 일본에서 '능욕'당한 사실 때문이다. 1970년대의 일이다. 일본의 은퇴한 건축사 우에쓰카 하쿠유라는 사람은 밭을 갈다 우연히 (논개의 목표물이었던) 게야무라 로쿠스케의 묘비를 발견한다. 로쿠스케는 '신의 칼'이라는 전설의 사무라이였다. 하쿠유는 사무라이가 기생에 의해서 '그것도 술 마시고 방심하다가' 죽었다는 사실을 믿기 싫었는지 진주를 찾아 남강에서 논개와 게야무라의 넋을 건져 이를 일본으로 모셔가는 의식을 치른다. 그리고 진주의 나무, 흙, 모래 그리고 돌을 가져다 사당 옆에 논개의 무덤을 꾸미고 논개와 게야무라의 영혼 결혼식까지 치른다. 그때부터 논개는 일본에서 '부부 금실을 좋게 해주는' 섹스의 신이 되었다(일본에는 신이 워낙 많으니 유연하게 이해했으면 한다). 그곳은 한동안 국내 정치인들이 일본을 방문하면 기념사진을 찍는 곳으로도 유명했다. 그러다가 2000년대에 이르러 시민 단체가 문제점을 지적하자 그곳에 걸려 있던 논개의 초상화도 사라지게 되었다. 그러나 논개가 이런 능욕을 당했다는 것을 아는 사람은 별로 없다. '나라를 위해 목숨을 바친' 한 나라의 위인이 다른 나라 민간인의 자의적 해석으로 '서로 사랑해서 죽은 부부'가 되어버렸다. 과연 논개는 이렇게 찬밥 대우를 받을 만한 인물이었을까?

———— 이름만 부르는 거의 유일한 위인, 논개

이 사건은 매우 분노할 일이지만, 지금껏 논개가 대중에게 어떻게 '소모'되어 왔는지를 살펴보면 이해할 수 없는 일도 아니다. 논개, 아니 '기생 논개'를 모르는 사람은 없다. 그런데 이것은 사실관계부터 틀렸다. 그녀는 기생이 아니다. 기생으로 가장했을 뿐이다. 논개는 경상우도 병마절도사 최경회 장군의 부인이다.[주40] 그냥 부인이 아니라 두 차례에 걸쳐 벌어진 진주대첩 때 남편이 담당하는 의병 교육을 실질적으로 도왔던 인물이다. 2차 대첩 때

진주성이 함락당하고 가축은 물론 민간인까지도 잔인하게 죽임을 당하자 최경회 장군은 자결(전사했다는 주장도 있음)했다. 그리고 논개는 '기생으로 위장하는' 기지를 발휘하여 끝내 끝장을 본다. 놀랄 만한 작전이고 임무까지 완수했다. 하지만 그에 합당한 대우를 받지는 못했다.

그 이유는 '사대부 남자'만이 할 수 있을 만한 '충'(忠)을 감히 여자가 너무나도 완벽하게 성취했기 때문이다.주41 만약 논개가 남편의 죽음을 따라 혼자 자결했다면 오히려 '사실 그대로' 대대손손 기렸을 것이다. 하지만 열녀(烈女), 정절(貞節)을 넘어서는 행보를 보여준 논개의 거사는 역사적 기록으로 승인되는 과정부터가 지지부진했다. 논개의 죽음(1593)이 문서로 드러난 것은 민중들의 구전을 채록한 '야담'에서나 가능했다. 그러다가 경종 1년(1721)에 이르러서야 '의'(義)로운 순국이었다고 공식적으로 기록된다. 이는 약 130년이라는 긴 시간 동안 '말도 안 되는' 논의를 반복했다는 뜻이다. 지금으로 따지면 국가유공자 선정에 적합한지 아닌지를 따지는 논의 정도만 하면 되는 것일진대 '기생의 거사'는 다른 남자들 먼저 '애국지사'로 인정해주기도 바쁜 현실에서 별 관심을 못 받았을 것이다.

그래서 임진왜란 중의 충신, 효자, 열녀 등을 기록한 '동국신속삼강행실도'(東國新續三綱行實圖)에 논개는 포함되지 못했다. '다' 남자인 보수적 사대부가 만들어놓은 시대적 분위기에 영향 받았음이 분명하다. 진주의 주민들이 조정에 소청을 계속 올렸지만 그때마다 돌아오는 답변은 '증거를 제시하라'는 것이었다나 뭐라나. 그만큼 믿고 싶지 않았다는 것일 게다. 지지부진한 논의는 논개에게 '의기'(義妓)라는 호칭을 부여하면서 절충된다. 끝까지 '기생'(妓)임을 강조하는 것을 잊지 않았던 것이다. 만약 실제 기생이었다고 해도 기존의 신분에서 벗어날 수 있도록 '일계급 특진' 같은 상을 줘도 모자랄 판인데 말이다. 순국의 주체가 여성이라는 것을 부담스러워했고, 기생이 충을 '너무나도 모범적으로' 실천한 사실(웬만한 남자는 명함도 내밀 수 없을 정도)을 찜찜하게 여겼던 남자들의 역사가 고스란히 느껴진다.

작전은 성공한 모양새다. 누구나 논개를 '기생 논개'라 부르는 걸 마다하지 않으며 애써 평가절하했기에 다른 나라의 먹잇감이 되었으니 말이다. 하찮은 계급의 인간은 누군가에게 함부로 취급받아도 문제가 되지 않기 때문이다.

일본은 일제 강점기 이후 '논개가 일본 무사를 연모하여 순애보적인 죽음을 맞이했다'는 식의 역사 왜곡을 지속적으로 자신의 나라에 유포했다. 그래야지만 '직무유기'한 로쿠스케에게 일정 정도의 면죄부를 줄 수 있기 때문이다.

그리고 이를 학습한 민간인이 그런 '영혼결혼식'을 올린 것이다. 수차례 그곳을 방문한 정치인들도 '기생이 죽음 한 번으로 횡재했네'라면서 별 생각을 하지 않았을 것이다. 하긴, 성씨 떼어버리고 '이름만 부르는' 거의 유일한 위인이 논개 아닌가? '순신이, 중근이'라고 부르지 않는 것과는 명백히 대비된다. 그녀의 성명 (姓名)은 '주논개'다. 같은 '활약'을 해도 남자와 여자가 후대에 기억되는 방식은 이렇게 다르다.

나쁜 속담들이 없었다고
상상해보자

밤새 애썼는데, 기껏 딸이라니. (스페인)

여자의 아름다움은 물고기를 가라앉게 만들고, 나는 기러기도 떨어
뜨린다. (중국)

하느님은 능력을 아름다움과 결합시키지 않으셨다. (폴란드)

딸은 예뻐야 하고 아들은 재주가 있어야 하는 법이다. (네팔)

남자는 능력이 탁월해야 하고 여자는 용모가 아름다워야 탁월하다.
(스페인)

남자는 자기보다 똑똑한 여자를 원치 않는다. (미국)

여자의 지혜는 집안을 파멸시킨다. (러시아)

여자가 바지를 입고 남자가 앞치마를 두르는 곳에서는 만사가 엉망

이 된다. (이탈리아)

여자, 불행, 식초 절임용 오이는 가장 작은 게 항상 최고다. (헝가리)

여자와 정어리는 작은 걸 택하라. (브라질)

아내와 쟁기 손잡이는 남자보다 키가 더 작을 때 최상이다. (에티오피아)

딸이 태어나면 심지어 지붕도 운다. (불가리아)

딸은 엎질러진 물이다. (중국)

노파는 악마보다 한 수 위다. (아르헨티나)

여자는 천사의 외모, 뱀의 가슴, 바보의 두뇌를 가졌다. (독일)

여자의 눈물과 개의 절룩거림은 진짜가 아니다. (스페인)

여자 생각이란 코끝까지밖에 못 미친다. (일본)

징글징글하다. 『세계 여성 속담 사전 : 지혜 혹은 잘 포장된 편견』에 등장하는 말들이다. 네덜란드 라이덴 대학교 미네케 스히퍼(Mineke Schipper) 교수는 여성을 남성의 종속물로 취급하면서 비하를 서슴지 않는 전 세계 1만 5735개의 속담을 552쪽에 이르는 엄청난 두께의 책에서 소개한다. 한국의 '암탉이 울면 집안이 망한다', '암탉이 울어 날 샌 일 없다', '북어와 마누라는 사흘에 한 번씩 패야 한다'의 해외 버전이 무수히도 많이 실려 있다. 그 반대의 경우, 그러니까 남자를 비하하는 속담들도 있다. 물론 가뭄에 콩 나듯. 이 책을 읽고 있으면, 왜 'History'를 'His Story'

라고 말하는지, 그리고 이 역사가 현재를 어떻게 만들어놓았는지 충분히 이해할 수 있다.

——— 약자에 대한 표현의 자유는 혐오 범죄일 뿐

농경 사회의 등장과 함께 기울기 시작했던 남녀의 권력 지형은 수천 년간 (지금도 그렇듯이) 강자가 약자를 혐오하는 방식을 통해 더 심각해졌다. 현대사회의 가치인 '양성평등'이라는 말은 이 기울기가 '과거에 비해' 달라졌다는 것이지 '수평'하다는 뜻이 아니다.

게다가 이런 변화의 조짐이 더욱 탄력 받아야 마땅하지만, 상황은 그리 녹록지 않다. 뭔가 변화에 발맞춘 주장이 나오면 '역차별'이란 단어로 공격하는 남자들, "여자는 의무는 다하지 않으면서 권리만을 주장하니 그런 여자를 싫어하는 건 나의 당연한 권리다"라는 막말을 쏟아내면서도 그것이 '표현의 자유'라고 생각하는 남자들을 만나는 건 어렵지 않으니 말이다.

리베카 솔닛의 표현을 빌리자면 '표현의 자유를 옹호하는 언어가 혐오 발언을 보호하는 데 쓰이는 실정이다.'[주42] 정희진의 표현을 빌리자면 "인종, 젠더, 계급 간의 위계에서 약자에 대한 강자의 표현의 자유는 혐오 범죄일 뿐이다. (……) 표현의 자유는 보편적인 권리가 아니라 보편성을 향한 권리다."[주43] 즉 표현의 자유는 약자가 "나에게도 너와 같은 권리를 달라"고 말할 때 등장할 수 있는 근거이지, 강자가 "내 맘에 안 드는 사람을 싫어할 권리가 있다"는 걸 합리화할 때 쓰이는 가치가 아니라는 말이다. 그러나 지금 한국 사회에서는 '표현의 자유'가 '혐오의 근거'로 쓰이고 있으니 이곳에서 여자는 편견으로부터 자유로울 수가 없다.

답답한 마음에 학생들과 '만약에 이런 속담들이 없었다고 가정'해보자면서 이야기를 나눴다. '만약 여자가 설치면 문제가 있으니 예방하자'는 식의 'if~ 겁주기'가 없는 곳은 과연 어떤 모습일까? 그 사회는 '커리어 우먼', '워킹맘' 같은 단어가 없다. 여자가 일을 하는 것은 당연하기 때문이다. 이런 사회에서는 일과 육아를 병행하는 것이 특이한 일이 아니다. 육아는 '원래' 사회와 함께하는 것이기 때문이다. 그런 세상에서 다음과 같은 불만이 있을 리 없다.

> 남자는 회식과 출장, 잔업, 야근을 해도 아버지의 위치가 달라지지 않지만 결혼한 여자는 회식, 출장, 잔업, 야근 등 회사에서 요구하는 인재가 되는 순간 가정에서는 부족한 엄마, 부족한 주부, 거기에 플러스 동료들에게 기가 센 여자라는 소리를 듣게 되는 것이 현실이더군요.[주44]

여자들의 경력단절도 지금에 비해 확연히 낮을 테니 직장인 중 '아줌마 비율'도 엄청날 것이다. 직장 다니는 것, 직장 생활 중 출산하는 것, 그리고 출산 후 업무에 복귀하는 것에 대해 사회적 '압박'이 하나도 없다고 생각하면 이는 당연한 것 아니겠는가. 전업주부인 여성의 숫자가 줄면서, 어린이집, 24시간 육아 전문 기관 등의 시설을 구비하는 일은 국가의 첫 번째 과제가 된다. 이런 쪽의 환경이 좋아지면 '덩달아' 여성들의 출산 욕구는 상승한다. 고로 '저출산 문제'라는 단어는 그 사회에 없다.

현재의 한국 사회를 잘 보여주는 '사교육 과잉' 문제도 이 새로운 사회에서는 자취를 감춘다. 자녀에게 목숨을 거는 '엄마들'이 사라졌기 때문이다. 일종의 '성취 중심 도구적 모자 관계'주45의 시효 만료다. '아내이자 어머니' 역할로 여자들이 평가받는 곳에서는 '자녀의 고학력'이 곧 '현모양처' 역할을 제대로 수행했다는 징표가 되겠지만 자신의 삶을 당당하게 살 수 있는 사회에서는 자기 인생보다 자식들의 인생을 더 중요하게 생각할 리 없다(그와 마찬가지로 '남편의 직업'이 곧 자신의 얼굴이라는 생각도 하지 않는다). 아들도 그런 엄마를 절대 원망하지 않는다. 사교육이 납득할 만한 수준이 되면 공교육은 정상화된다. 당연히 '입시 지옥'에서 나타나는 여러 부작용이 없다. 학교는 '배움' 그 자체를 지향하지, 지식을 '순위 경쟁'하지 않는다. 지금처럼 학교 진도에 맞춰 문제를 내면 내신 변별력이 생기지 않는다며 항의하는 학부모는 등장하지 않는다. 이것이 두려워 교사가 '학원 진도'에 맞추어 가르쳐주지도 않은 어려운 문제를 출제하는 기현상도 당연히 없다. 당연히 '수포자'(수학포기자)도 감소한다. 교육의 목표가 명확해지니, 서로를 멸시하고 왕따시키지도 않는다.

여자를 '현모양처' 프레임에 가두지 않는다는 것은 남녀가 늘 '협력적 파트너' 관계일 수밖에 없다는 뜻이다. 공생(共生)이 의심받지 않는 곳에서, 여자들은 남자에게 주눅 들지 않는다. 평등한 곳에서 여자만의 매력을 부각시킬 필요도 없다. 과정은 극단적이지만 결과는 효과적인 성형에 대한 관심도 없다. 하지만 이곳은 '예쁜 여자'만 외모를 자랑하지 않는다. 모두가 당당하기에, 노출은 더 과감해진다.

한 남학생이 "이혼 가정이 너무 많지 않을까요?"라는 걱정거리를 던진다. 여전히 '암탉이 울면 집안이 망한다'는 프레임을 버리지 못하고 있다. 이혼한 '여자라 할지라도' 당당하게 살아갈 수 있는 사회에서 이혼 가정에 관한 사회적 문제는 지금에 비할 리 없다. 이혼이 '당당해지면', 사회적으로 이혼 때문에 생기는 '불이익'이 절대로 당연시될 수 없다. 핵심은 그래서 이혼이 줄어든다는 사실이다. 여자에 관한 사회적 편견(이를테면 앞서 언급한 해괴망측한 속담들)이 없는 사회에서는 어떤 남자도 여자를 깔보지 않고 함부로 대하지 않는다. 그래서 이혼율도 높지 않다. 애초에 여자를 '멋대로' 규정하지 않는데 어떻게 '함부로' 여성을 대할 수 있단 말인가? 부부가 상호 인격을 존중하는데 이혼이 웬 말인가?

——— '딸바보'는 슬픈 단어

마지막으로 '딸바보'라는 말이 없다. 나는 최근에야 등장한 '딸바보'라는 말을 들을 때마다 가슴이 아프다. '아들바보'라는 말은 없는데 '딸바보'라는 말은 왜 생긴 걸까? '딸'을 아빠가 사랑하는 건 당연한 것인데, 도대체 지금껏 어떻게 딸을 대했기에 부모가 자기 자식 사랑하는 게 '특별해' 보일 수 있을까? 이 단어를 보면 지금껏 한국의 여자들이 어떤 대우를 받았고 어떻게 살았는지가 그대로 드러난다. 온갖 편견 속에서 공정치 못한 대우를 받으며 살지 않았겠는가. "나는 술, 담배, 여자를 멀리한다!"고 버젓이 말하는 사람들을 시시때때로 만날 수 있는 세상에서 '딸'을 출산한 부모는 '아들'을 출산한 부모에 비해 그 기쁨이 덜한 게 사실이다. 이 미세한 차이는 딸을 키우면서 고스란히 '차별적으로' 드러난다. 이런 역사가 있으니 그냥 자기 딸 사랑해놓고 '딸바보'가 될 수 있는 거다. 차별이 애초에 없었던 곳에서는 '원래' 그런 거지만 애초에 차별이 있었던 곳에서는 이조차 신기할 뿐이다.

이 토론을 하고 며칠이 지나 한 학생이 사진 한 장을 장문의 문자와 함께 전송했다. 마트에서 '아빠 쉼터'를 발견하고 찍은 사진이었다. 내용은 이랬다.

"선생님. 오늘 마트에 갔다가 깜짝 놀라서 찍었어요. 아니 예전에도 있었겠지만 이제야 깜짝 놀라네요. '아빠 쉼터'가 어딘가 어색하다는 생각조차 못 하고 지금껏 살았네요. 장보기를 함께하는 걸 어색해하는 아빠들을 위한 이 세심한 배려가 놀라운 사회랍니다. 아빠와 엄마의 역할이 확연히 구분되어 있지 않고서야 가능했을까요? 저희가 토론 때 상상한 그런 세상에는 존재하지 않는 쉼터겠죠?"

요즘 젊은 엄마들이
정말 문제라니까!

특정한 집단을 '특정한 공간'에서 배제하려면 충분히 그럴 만한 명분이 필요하다.

예를 들어, 수영장에서 '수심이 깊은' 곳을 '노키즈존'으로 설정한다면 아무도 "차별하지 말라!"며 따지지 않을 것이다. 오히려 '통제하지 않아서' 발생한 사고에 대한 책임을 관계 기관에 엄중히 물어야 마땅하다. 특정 집단만을 우대하고 다른 쪽을 배제하는 데에도 이와 같은 명분과 합의가 필요하다. '성인 전용'이란 말이 통용되는 이유다. 초등학생이 '클럽'에 들어갈 수 없다고 해서 소송을 거는 부모는 없다.

그렇다면 청소년들이 특정 시간대에 PC방이나 노래방에 출입

하는 것을 금지하는 것은 어떨까? 이것도 표면적인 이유는 있다. 주간에 이루어지는 학교교육을 '잘' 받는 것이 청소년들에게 중요한 것이니 정부가 그런 환경을 만들어줘야 한다는 것이다.

그래서 청소년들에게 '야간에 활보할 자유'를 어느 정도 통제하는 것은 당연한 일이며 (약간 오글거리긴 하지만) 그렇게 하는 게 사회 발전을 위해서도 바람직하다는 주장이다. 이런 식의 명분으로 정부 및 지자체는 개인의 자유에 대한 물리적 제재를 행사한다.

정리하자면, '제한'은 명백히 제한당하는 사람들을 이롭게 한다는 명분이 있어야 사회적 합의를 이룰 수 있다는 말이다. 통제 '덕'에 개인이 더 행복해질 수 있다면 말 그대로 '자유를 위한 희생'을 마다할 이유가 없다.

─────── 노키즈존, 누구를 위한 제한일까?

그런데 단지 '내가 편해지기 위해 다른 누군가의 이용을 제한'하는 경우라면? 이것은 두말할 필요도 없이 '차별'이다. 그런데 우리가 살고 있는 자본주의 시장경제 안에서는 누군가를 편안하게 하기 위해 또 다른 누군가의 자유를 엄격히 제한하는 경우가 종종 발생한다.

어떤 공간을 '돈을 지불하고' 사용하는 소비자는 자신의 편리함과 쾌적함을 위해 다른 이들의 배제를 요구할 수 있다. 돈을 많이 낼수록 그 기대치는 높아진다. 1000~2000원을 지불하고 이용하는 지하철이나 버스 안에서는 누군가의 휴대폰 통화를 그저 매너의 문제 정도로 치부할 수 있지만 1만 원을 지불하고 영화를 관람하는 극장 안에서는 동일한 타인의 행동에 훨씬 큰 분노를 느낀다. 1만 원에 '영화를 쾌적하게 관람할 권리'가 있기 때문에 극장에서는 이를 통제하기 위해 부단히 노력한다. 이를 소홀히 했다가는 다음번에 고객의 선택을 받을 수 없기 때문이다. 그래서 누군가의 권리를 위해 개인의 '행동'을 제한한다. 일상 속 수많은 공간에서 휴대폰 사용 금지, 취식 금지, 플래시 촬영 금지 등의 팻말을 볼 수 있는 이유다. 이런 '금지'의 핵심은 '그렇게 행동하지 않는다면' 남녀노소를 불문하고 누구도 차별받지 않는다는 전제가 깔려 있다는 것이다.

그렇다면 한국에 존재하는 '노키즈존'은 상식적으로 납득할 만한 명분과 합의를 거친 것일까?

'노스모킹존'과 비교해보면 이것이 왜 비상식적인지 단번에 이해할 수 있다. '백해무익'한 담배는 그 연기만으로도 지독히도 '다른 사람'에게 피해를 준다. 이것은 '똥기저귀를 식탁 위에 올려놓고 가는' 짓에 비하면 1억 5000만 배는 더 개념없는 행동이다. 하지만 인류 역사에서 '담배를 피울 여지가 있는' 사람들 전체를 통제한 구역은 없었다. 그렇게 하지 않은 이유는 간단하다. 공공장소에서 남자가 담배를 많이 피운다는 '객관적 사실'이 있다고 해서 남자들 모두를 출입 금지 대상으로 삼는 건 옳지 않기 때문이다.

한국에서 노키즈존 논란은 공연장에서 관람 가능 연령을 제한할 때의 차별과는 성질이 많이 다르다. 외국에서도 최근 노키즈존이 등장하여 논란이 일고 있지만 '격식 있는' 레스토랑에서 혹은 비행기의 좌석 중 특정 구역을 'Quiet Zone'으로 설정하여 유아 동반 고객을 다른 구역으로 안내하는 형태를 띠고 있다.

'커피를 파는' 카페에서 이처럼 광범위한 차별을 쉽사리 할 수는 없다. 하지만 한국에서 이것이 가능한 이유는 실제 제한을 두는 대상이 '키즈'가 아니라 '아이 있는 엄마들'이기 때문이다. 그래서 공중도덕 차원의 문제를 훌쩍 뛰어넘는다.

─── 예의를 지키지 않는 대상이 여자일 때

처음에는 순수(?)하게 '노키즈존'의 필요성이 등장했다. 아이가 카페에서 (일반적으로 표현하는 문구를 그대로 사용하면) '엄마의 통제를 받지 않고 제멋대로 돌아다니다가'(이 점이 결과보다는 훨씬 주목받았다) 뜨거운 음료를 들고 있는 종업원과 부딪혀서 화상을 입었다. 이후, 소송 끝에 카페 주인은 치료비의 70퍼센트를 배상하게 된다. 그래서 배보다 배꼽이 더 큰 상황을 방지하고자 주인은 '노키즈 카페'로 전환한다. 아이를 데리고 오는 '부모들' 역시 주요 고객이지만 아차 하는 순간에 더 많은 비용이 나갈 수 있는 것을 미연에 방지하기 위해서이다. 여기까지는 카페 주인의 정당한 권한 행사 정도로 볼 수 있다. 사고 방지를 위해 멋대로 돌아다니는 '타인의 아이'를 자신이 통제할 수도 없는 노릇이기 때문이다. 아이들의 안전사고를 예방한다는 점, 혹시 있을지도 모를 자신의 지출을 예방한다는 점에서 주인의 결정은 나름 설득력이 있다. '노키즈존 논쟁'은 바로 이런 차원에서 이루어져야 한다. 그래야지만 다음 단계의 논의(사고를 방지할 수 있는 대책을 잘 마련하자)를 할 수 있기 때문이다.

하지만 실제 논쟁의 양상은 이와 다르다. 노키즈존에 찬성하는 사람들은 '아무도' 아이들이 '뜨거운 아메리카노'에 화상을 입을 수도 있으니 '전체 집단을 통제'해야 한다고 말하지 않는다. 그저 '시끄러운 아이들 때문에' 자신이 공부하는 데 방해받았다는 말만 한다. 그러니 떠들 가능성이 있는 아이들은 죄다 출입을 금지시키자는 논리다. 과연 그럴 수 있을까?

엄밀하게 따져서 카페 '안'이 누군가의 '학습을 위해' 존재한다고만 할 수는 없다. 그래서 카페는 독서실, 도서관 같은 기준으로 통제되지 않는다.

물론 타인을 배려하는 건 어디서나 기본 매너이다. 문제는 이 배려하지 않는 주체가 '여자 엄마'로부터 시작되었을 때, 훨씬 더 노골적이고 격렬한 거부 반응이 나타난다는 것이다.

——— 모든 차별은 통제에서 시작된다

자신이 기분이 좋지 않은 상황을 미연에 방지하고자 '방해 가능성'이 있는 누군가를 전부 통제하는 것이 과연 정당한 일일까? 그것이 5000원이라는 가격을 지불하고 카페라는 공간을 이용하는 개인의 권리일까?

사람들은 이 물음에 머리를 긁적거리며 "내가 엄마들에 대한 어떤 고정관념을 가지고 있었나 보다"라고는 잘 말하지 않는다. 오히려 자신의 논리를 정당화하기 위해 엄마들을 '더' 괴물로 만들어버리는 적절하지 않은 전략을 선택한다. 자신들이 목격했던 개념 없는 엄마들의 악행들을 더 많이 증언할수록 차별의 논리가 정당하다고 착각하기 때문이다. 그래야지만 '나'를 방해할 수도 있는 요소를 원천봉쇄할 수 있기 때문이기도 하다. '소란 피우지 마세요!'라고 말할 수도 있는 것을 '모든 아이들은 절대 들어오면 안 돼요'라고 말하게 되는 건 이 때문이다.

모든 차별은 이처럼 통제에서 시작된다. 홀로코스트의 비극도

'유대인들의 특징이 이러하니 이들 전체가 특정 시설을 이용하지 못하게 하자'에서 출발했다. '흑인 차별'도 이런 식이었다. 태어날 때부터 인종 우월적인 생각을 가졌을 리 없는 백인 아이는 흑백이 확연하게 구분된 사회적 분위기에서 흑인에 대한 차별을 당연한 것으로 배우게 된다. 그것이 누적되면 흑인을 일상적으로 멀리해야 하는 존재로 인식하게 된다. 이 유산은 '지구화'가 되어 한국의 초등학교에서 원어민 강사를 뽑을 때 '백인'만을 고집하는 진풍경을 연출한다.

멀리 갈 것도 없다. 아파트 단지에서 임대 아파트 사람들을 차별하는 경우는 그리 낯설지도 않다. 자신의 아이가 임대 아파트에 사는 아이와 놀지 않게 하기 위해 입구를 봉쇄하고 철조망을 치면서 놀이터 이용을 금지하는 일이 한국에서는 종종 벌어진다.

'다 그럴 만한 이유가 있다'고 할지도 모른다. 그 이유가 '객관적인' 사실이라 할지라도 이는 '애초에 공정하지 못한 현실'에서 발생한 결과이기 때문에 단순한 해결책을 추구해서는 안 된다. 그런 방식으론 근본적인 문제를 결코 해결할 수 없기 때문이다.

사고를 미연에 방지한다는 명분으로 '차별을 일상화'할수록 집단 '간'의 차이는 더 도드라지고 이는 차별의 범위를 넓히는 악순환으로 이어진다. 무엇보다 심각한 것은 차별이 일상화되면 특정 집단에 대한 '혐오'가 사회적으로 면죄부를 받게 된다는 사실이다. 혐오를 혐오라고 생각하지 않는 '개인'은 그렇게 등장한다.

이 개인이야말로 '괴물' 아닐까?

─────── 우리가 포기하지 말아야 할 상식, 인권

이미 한국은 상식적인 논의를 하기 힘든 분위기인 듯하다. 노키즈존 논쟁은 '그래, 이런 식으로 차별하면 안 되지'라는 결론으로 이어지지 않는다. 오히려 '맘충'이란 단어가 자주 등장하면서 정당화되는 추세다. 노키즈존이 필요한 이유를 설득하기 위해서는 '맘충'을 계속 언급하는 것만큼 효과적인 것이 없기 때문이다. 이것이 누적되면 여자가 '카페에 유모차 끌고 들어오는 순간'부터 불쾌감과 경계심을 느끼는 사람들이 점점 많아진다. 이들은 '어른들끼리도' 발생할 수 있는 미세한 충돌일 뿐인데, 그 상대가 아이면 더 짜증을 내면서 '엄마들을' 혐오하기 시작한다. 백인의 집에 백인 도둑이 침입하면 '도둑'이라서 화를 내겠지만 그 도둑이 '흑인이라면' 흑인 집단 전체에 대한 멸시와 증오를 표출하는 것과 같은 맥락이다. 또는 성인이라면 누구나 나누는 수다일 뿐인데 그 대상이 '엄마들'이라면 온갖 기묘한 생각들을(이를테면 '남편은 뼈 빠지게 일하는데 팔자 좋게 카페에 와서 희희낙락거리고 있구나' 같은) 끄집어낸다. 많은 이들에게 '카페에 오는 엄마'는 이미 '오지 말아야 하는 대상'으로 수차례 학습되어 있기 때문이다. 그러니 개인의 '조용히 있을 권리'를 방해하는 여러 소음들 중 유독 '엄마들의 수다'가 더 짜증 나고 괘씸하게 느껴진다.

이처럼 '노키즈존'은 단순히 누군가가 '비용을 지불한 만큼 편의를 제공받을 권리가 있다'고 해서 정당화될 수 없다. 우리가 살고 있는 세상에는 '그럴 만한 이유'보다 더 중요한 사회적 가치라는 것이 있다. 그것은 바로 우리가 포기하지 말아야 할 상식, 즉 인권과 즉결된다.

한국 사회에서 '노키즈존'의 정당성을 피력하면서 진상 엄마 목격담이 등장하는 이유는 '여자 엄마들'에 대한 혐오감이 그만큼 만연하다는 방증일 뿐이다.

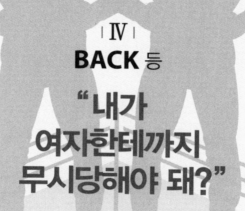

|Ⅳ|
BACK 등

"내가
여자한테까지
무시당해야 돼?"

동네북이 되어버린
여자들

2009년 4월, EBS에서 방영한 다큐 〈인간의 두 얼굴〉 시즌 2에 나오는 장면이다. 제작진은 인간의 사회적 착각을 증명하기 위해 다음과 같은 실험을 진행한다(2부-아름다운 세상 편).

서른세 살의 남자를 명동 한복판의 쇼윈도 안에 세워놓고 지나가는 여자들에게 감상평(?)을 확인한다. 한번은 평범한 복장이고, 한번은 말끔한 정장 차림이다. 남자가 청바지에 체크무늬 남방을 입은 평범한 복장일 때, 여자들의 평가는 가혹하다. '공장에서 일할 것이다', '만두 가게 주인일 것이다', '연봉은 1200만 원 정도로 보인다'는 등 한 번 필이 꽂힌 여자들의 상상력은 대단했다. 10점 만점 기준으로 평점을 매겨달라고 하니 3점, 2점이 태반이다. 그리고 '끝판왕' 등장. "점수를 안 줄 순 없는 건가요?"

하지만 다음 날 고급 정장을 빼입고 등장한 남자는 대반전의 상황을 목격한다. 1200만 원은 연봉이 아니라 월급으로 거론되고 직업은 변호사로 상향 조정된다. 게다가 '성격도 좋고 말씀도 논리적으로 할 것 같다'는 판단까지 등장한다. 한 번도 만난 적도 없으면서 어떻게 '성격'과 '언어의 논리성'을 서슴없이 판단할 수 있을까? 이런 상황이니 '사귈 의향이 있다'는 여자들의 대답이 전혀 어색하게 들리지 않는다. 아마도 제작진은 사람들이 이성을 선택할 때, "성격이 가장 중요해요"라고 말하는 것이 '립 서비스'에 불과하다고 말하고 싶었을 것이다. 이 실험을 통해 겉모습만 보고 모든 것을 판단하는 '사회적 착각'을 논하고 있다는 걸 이해하지 못할 사람은 없을 것이다.

——— 뼛속까지 외모 지상주의 한국인

그런데 재미있게도 이 영상을 대학생들에게 보여주면 '일관된 반응'이 나온다. 남자의 평상시 복장을 보고 여자가 '악담'을 퍼붓기 시작하면, 강의실에 있는 학생들은 (남자든, 여자든) 같은 반응을 보인다. 그들이 수군수군하는 내용은 "지랄하네!", "지 얼굴 어떻게 생긴 줄 모르고", "진짜 우습다" 등이다. '별로 예쁘지도 않은 여자가 남자의 외모를 평가할 때'는 방송의 주제는 중요치 않은 모양이다. 오히려 '얼굴이 예쁜 여자만이' 그런 말을 할 수 있다는 듯이 정말로 '방송에서 말하고자 하는 바'대로 반응한다. 이 지점을 짚어주면 '자신이 뼛속까지 외모 지상주의에 노출된 명백한 한국인'이라는 사실에 놀라워한다.

나는 이 지점이 무척이나 재미있어서 강의 시간에 몇 번의 토론을 한 적이 있다. 만약, 쇼윈도 안에 여자가 있었고 남자에게 품평을 부탁하면 과연 그 반응들은 동일할까? 학생들은 성찰적이면서도 유쾌하게 상상의 퍼즐을 맞추어간다. 평범한 옷을 입었을 때부터 남녀는 전혀 다르게 평가된다. 가장 '호응'이 높았던 분석은 유독 여자에게만 '자기 관리가 부족하다'고 평가할 사람이 많을 거라는 예측이었다. 특히 방송에 등장한 쇼윈도 '안' 남자처럼 만약 '아주 약간 과체중'인 여자가 등장했다면 그럴 가능성은 훨씬 높아질 거라는 데 이견을 제시하는 사람은 없었다. 학생들은 '평범함'은 사람이 '특별하지 않다'는 동일한 상태이지만, 어떤 성별이냐에 따라 평범함에 대한 인식은 결코 공평하지 않을 거라 예측했다.

─── 잘 입어도 욕먹고, 못 입어도 욕먹는 여자들

다음으로 나온 주장은 변신이 '불러일으키는 효과'의 불공평함
이었다. 학생들은 "여자의 경우, 옷 한 벌 말끔하게 갈아입는다
고 '대반전'의 평가를 받을 수 있을까요?"라는 의문을 던진다. 토
론을 통해 이 질문에 대한 답을 찾았는데, 정리하면 이렇다. 남자
는 양복 한 벌만으로도 '중후함'을 어필할 수 있고 나아가 '직접
대면하지 않고서도' 성격까지 괜찮을 거라는 평가를 보장받을 수
있지만 여자의 경우는 그렇지 않다. 옷이 청바지에서 정장으로
변했다고 해서 '만두 가게 노동자 → 변호사'라는 상전벽해와 같
은 평가를 받을 순 없다는 것이다.

직업과 그에 따른 연봉의 차이를 확인해보면 금세 그 이유가
드러난다. 남자의 경우 '차림새가 말끔하다면' 온갖 전문직을 떠
올리며 연봉을 예상하지 않는가. 실제로 이 실험에서 남자는 변
신 후 평균 연봉이 7500만 원 정도일 거라는 예상을 받았다.

하지만 '옷을 말끔하게 차려 입은' 여자를 봤다고 해서 전문직
과 결부하는 상상의 나래를 마음껏 펼치는 사람이 과연 있을까?
그저 '회사원일 것 같다'라는 두리뭉실한 답변이 가장 많을 것이
다. 최고로 쳐서 평가해봐야 '대기업 정규직', 아니면 '은행원' 정
도로 예상하고 연봉도 3000~4000만 원이라 예상한다. 참고로
실제 실험에서 변신 전 남자의 예상 연봉이 3000만 원이었다.

이는 남자는 옷을 대충 입어도 '어느 정도의 노동생산성'이 있지만, 여자는 옷을 '잘' 입어도 '특별난 노동생산성을 보유할 리 없다'는 사회적 인식을 그대로 나타낸다. 여자에 대한 사회적 기대치 자체가 낮기 때문에 '괜찮은 직업일 것이다'에서의 '괜찮음'의 정도가 남자와는 완전 상이하게 나타나는 것이다. 강의실은 숙연해진다. 틀린 말이 하나도 없으니까.

변신을 했음에도 단지 여자라는 이유만으로 '부정적인 평가'를 받을 수 있다는 주장까지 등장한다. 내가 "(남자의 경우처럼) 여자의 구두와 시계 등이 굉장히 세련되었다고 가정을 했는데도 왜 그렇게 직업 예측에 대한 점수가 박할까요?"라고 묻자, 학생들은 손사래를 치며 "골 빈 여자들이 저렇게 꾸미는 데 환장한다면서 오히려 공격할걸요"라고 답한다. 특히 쇼윈도 안의 여자를 밖에 있는 '남자가' 평가하는 상황이라면 100퍼센트 확실하다고 했다. 게다가 여기가 '된장녀'라는 말을 자연스럽게 사용하는 한국 사회인 걸 상기하면 더 확실하다. 학생들은 한국 사회에서 남자들은 옷차림만으로도 '없는' 지성미를 뽐낼 수 있지만 여자들은 '있는' 지성미조차 인정받지 못하기 십상이라는 점을 강조했다. 여자는 옷을 평범하게 입으면 '자기 관리 못한 사람'이 되고 신경 써서 옷을 입으면 '스스로에게 자신이 없어서 사치하는 사람'이 된다는 것이다. 여자들은 남자들처럼 외모 조금 신경 쓴다고 '훤칠하게 생겼다'는 평가를 받지 못한다는 것쯤은 감수해야 한다.

남자들은 이목구비가 좀 엉성(?)해도 키가 너무 작지 않거나 고도비만만 아니면 "전체적으로 그리 나쁘지 않아"라는 평가를 받을 가능성이 높지만 여자들은 그렇지 않다. 남자들처럼 '조금만' 신경 쓰면 '게으른 사람'이라 취급받고 상당히 노력(?)하면 '너무나' 신경 쓰는 이상한 사람이 되어버린다는 게 문제다.

이것을 다른 말로 하면 바로 '동네북'이다. 도대체 어쩌란 말인가? 이처럼 여자들은 여자들에게만 혹독하게 적용되는 '외모'에 대한 평가 때문에 힘들 수밖에 없다. 이것은 단지 '얼마나 더 예뻐져야 하는가'와 같은 단순한 문제가 아니다. 이것은 '같은 사람'으로서 '다른 평가'를 받는 부당함에 관한 문제다.

여성 흡연자들이
예의가 바른 이유

'메갈리아'(메르스 갤러리+이갈리아의 딸들)가 사회적으로 알려진 것은 '미러링'(mirroring) 때문일 것이다. 아무리 논리적으로 반론을 펼쳐도 남자들을 설득하는 것이 불가능하다고 판단한 이들은 '미러링'이라는 기상천외한 묘안을 생각해냈다. 남자들이 '문제 될 것이 없다'면서 별 뜻 없이 내뱉는 문장에서 여자를 남자로만 바꾸니 '문제'가 선명하게 보였다. '여전히' 남자 중심으로 돌아가는 세상에 느끼는 한(恨), 그것의 디지털적 표현 방식이 바로 '미러링'이다.

나 역시 여성학 강의를 할 때, "요즘 세상에 무슨 차별이 있다고 양성평등을 주장하느냐!"는 남학생들의 질의를 끊임없이 받았는데, 그때마다 이 '미러링' 기법을 종종 사용했다. "어딜 여자가 담배 피워!"를 "어딜 남자가 담배 피워!"로만 바꾸어도 어색한 느낌, 바로 그것이 이 사회 안에서 양성이 객관적으로 불평등하다는 걸 말해준다.

"저 남자 담배 피워요"와 "저 여자 담배 피워요"는 문장의 구성 형태는 동일하지만 그 함의는 완전히 다르다. 전자는 특정 사람이 어떤 기호가 있는지를 확인하는 것 혹은 백번 양보해도 '요즘 세상에 아직도 담배를 피우는 사람이 있다니' 정도로 해석될 수 있다. 또 여기에는 '타인에게 피해를 주지 않는다면' 흡연할 자유를 구속하지 않겠다는 뜻도 포함되어 있다.

하지만 후자의 경우에는 흡연의 주체가 '남자가 아닌 여자'라는 사실이 중요하다. 그래서 '저 여자 담배 피워요'라는 문장에는 '어떻게 여자가 담배를 피우지?'라는 질타의 뜻이 들어 있다. 또 이 문장 뒤에는 "요즘 세상 말세다"가 생략되어 있다.

——— 왜 '건강한 정자' 타령은 하지 않을까?

그래서 "저 남자 담배 피우는 거 알아?"는 일상에서 거의 사용되지 않지만 "저 여자 담배 피우는 거 알아?"는 마치 의미심장한 정보를 공유한다는 차원에서 종종 등장한다.

'담배나 피우는 년'을 '담배나 피우는 놈'이라 미러링하면 어색한 기운이 느껴지지 않은가. 그리고 이때쯤 되면 '출산을 하는 여자가 몸에 좋지 않은 담배를 멀리하는 건 당연하다'와 같은 주장을 하는 사람이 꼭 등장한다. 어쩌란 말인가? 개인이 선택해야 할 생물학적 기능을 존재에 구속시켜 여자의 한평생을 재단하는 것이 과연 옳은 일인가? 뭐 '좋은 의도'였다고 치자. 그럼 왜 '정자'가 없이는 임신도 안 되는데, '건강한 정자' 타령은 하지 않을까? 또한 여자는 무조건 '엄마'가 된다는 가정으로 그딴 설레발을 치는 것처럼 남자는 무조건 '아빠'가 된다는 전제를 왜 하지 않을까? 흡연이 모든 질병을 유발하고 평균수명을 단축시킨다는 것은 이제 놀랍지도 않은 세상이다. 그러나 남자에게 "나중에 자식에게 아비 없다는 소리 듣게 하고 싶어?"라며 금연을 권하면 아마 이런 반응이 돌아올 것이다.

"쓸데없는 소리 하지 말고 꺼져!" 아니 '맞아 죽지' 않는 게 다행일지도 모른다. 흡연은 그냥 '남녀를 막론하고' 백해무익하다. 이 간단한 공식을 간단하게 이해하지 못하니 사람은 사회적 동물 아니겠는가.

'흡연을 하는 것'에 대해 성별에 따라 다른 잣대를 들이대는 이 사회의 힘은 여자들의 흡연 풍토를 남자와는 완전히 다른 것으로 만들어버렸다. 거리에 나가보자. 나는 38년 동안 살면서 여자가 '횡단보도를 뚜벅뚜벅 걸어가면서' 담배를 피우는 풍경을 한국에서 본 적이 없다. 횡단보도를 걸어가면서 뒷사람 신경 쓰지 않고 흡연을 하는 건 폭력이다. 하지만 구역질 나는 연기와 바람에 날리는 담뱃재에 다른 이가 피해를 입는 걸 폭력이 아니라고 생각하는 사람이 가끔 있는데 공교롭게도 99.999퍼센트가 남자다. 남성 흡연율은 40~50퍼센트 정도이고 여성 흡연율은 6~8퍼센트 정도다. 성비가 동일하다고 가정하면 5분의 1, 그러니까 길거리 흡연으로 타인에게 피해를 주는 사람의 일부는 반드시 여자여야 하는데 실제로는 전혀 그렇지 않다. 과거에 이 칼럼을 쓸 때, 호기심에 직접 세어본 적이 있었다.

——— 숨어서 흡연하는 사람들

일요일 오후에 가족과 함께 전통 시장에 가서 2시간 정도에 걸쳐 길거리 흡연자를 확인해보니, 내 눈에 적발된 총 서른일곱 사례 모두가 '남자'였다. 신기하게도 시장 안 사람들 중 80퍼센트가 여자였는데 말이다. 이런 이야기를 하면 자기가 '목격한' 여자들의 흡연 사례를 떠올리는 남자들이 많다. 그러니까 길거리를 걸으면서 유유자적 흡연하는 사람들을 발견할 때마다 성별을 나누어 큰 방 두 개에 집어넣어보는 실험을 상상해보길 바란다. 유독 한 방이 썰렁할 것이니. 그래서 여자들의 흡연이 더 강렬하게 기억되는 것이다. '썰렁한 방'에 누군가가 문을 열고 입장을 하니 주목할 수밖에.

그런데 왜 흡연하는 여자들을 발견하기는 힘들까? 이유는 여자들이 '숨어서' 흡연하기 때문이다. 여자들은 '간접흡연의 피해를 누군가에게 주지 않아도' 밖에서 자유롭게 흡연하는 것이 부자연스러울 수밖에 없다. 이성적으로는 별문제 아닐 수도 있지만 감성이 지배하는 '눈총'의 크기가 워낙 크다. 여자들에게는 흡연의 '태도'가 아니라 흡연 '자체'가 문제가 되니 별도리가 없다. 남녀공학 대학교로 강의를 나가보면 쉬는 시간에 엄청난 인파가 건물 앞에서 흡연을 즐기는 풍경이 보이는데 여기에는 아주 재미있는 특징이 있다.

우선 흡연자의 절대 다수가 남자다. 이들은 건물 입구를 완전히 독차지하고 타인의 간접흡연을 전혀 배려하지 않는다. 누군가 주의를 요구해봤자, "건물 안이 금연이라 밖에 나와서 피우는데 무슨 상관이냐"면서 당당하다. 예의도 꽝이다. 재를 그냥 허공에 날리는 건 당연하고 불을 끌 때도 재떨이에 비비는 것이 아니라 손가락으로 그냥 '탁' 하고 땅바닥에 떨어버린다. 그리고 이들 무리로부터 약간 떨어진 곳에 바로 '소수의' 여자들이 흡연을 '예의 바르게' 하고 있다. 그녀들 때문에 간접흡연의 피해를 보는 사람은 아무도 없다. 여자들이 남자들처럼 대범하지 않은 건 중요치 않다. 남자들이 쓸데없이 대범하니 문제다. 대범한 남자들이 없는 '여대'에 가도 마찬가지 현상을 목격할 수 있다. 이곳에서도 '건물 앞'에서 타인에게 피해를 준다거나 재를 허공에 날리는 흡연자를 발견하기는 힘들다. 여자들은 지정된 흡연 장소를 참으로 잘 지킨다. 이것은 여자들이 워낙 '공중도덕'을 잘 지키기 때문일까? 아니면 어떤 사회적 공기가 여자들을 짓누르고 있는 걸까? 이 칼럼에 달린 댓글을 보면 여자들을 짓누르는 실체가 뭔지 어렴풋이 느낄 수 있을 것이다.

이 글을 읽고 용기를 내어 회사 앞 길가의 담배 피우는 남자들 사이에 끼어들어 담배를 피웠습니다. 그런데 평소보다 훨씬 짧게 흡연을 할 수밖에 없었어요. 불편하니까요. 같이 끌고 온 '골초' 여자 친구는 담배를 입에 물기는 했는데 끝내 불을 붙이지는 않더라구요. 친구는 이렇게 말했어요. "너는 어떻게 이렇게 뻥 뚫린 데서 담배를 피우니? 난 도무지 못 그러겠다." 꽁초 버리라는 통도 있고 다른 사람들도 다 피우고 있지만 압박은 정말 대단했습니다. 여자들은 '담배를 피우도록 마련된 흡연실'이 아니면 '사람이 거의 다니지 않는 좁은 골목' 정도로 자신의 흡연 장소를 제한하는 게 사실이죠. 심지어 천장이 없는 곳에서는 담배를 못 피운다는 여자 사람도 봤습니다. 누가 가르쳐준 적은 없지만 그냥 살다 보니까 그렇게 익숙해져 버렸어요. 재미있는 건 제가 처음 담배 배울 때, '여자가 흡연을 하는 게 왜 문제냐!'면서 굉장히 양성평등적 시각을 피력했거든요. 그

런데, 절름발이 양성평등을 실현하고 있었던 거죠.[주46]

그래서 몇 년 전 이슈가 된 중부 고속도로 휴게소 어딘가에 있다는 '여성흡연소'(woman smoking booth)는 씁쓸하기 짝이 없다. 휴게소 뒤편에 여성들'만' 이용할 수 있다는 흡연소는 눈치 보고 담배를 피워야 하는 여자들을 배려한 것일까? 아니면 담배 좀 피우는 것 정도로 여자들에게 온갖 눈치를 주는 한국 사회의 민낯을 그대로 드러낸 것일까? 분명한 사실은 이곳이 여자가 남자와 '같은 사람'이지만 '다르게 취급당하는' 것을 보여준다는 것이다. 그런데 어떤 바보 남자들은 이를 '역차별'이라면서 왜 남성 전용 흡연실은 없느냐고 따진다. 정말이지 답이 없다. 넓은 '실외'가 다 너희들의 흡연실이 아니었던가.

─── 금연 정책에도 여성 흡연자의 수가
줄지 않는 이유

이런 풍토가 야기한 재미난 결과가 있다. 정부의 강력한 금연 정책으로 남성 흡연율이 시간이 지남에 따라 지속적으로 줄어드는 것에 비해, 여성 흡연율은 별반 변화가 없다. 늘 6~8퍼센트대를 유지한다. 왜일까? 금연 정책은 흡연의 문제점을 알리는 것과 더 불어 강제적으로 '흡연 공간을 제약'시키는 형태로 나타난다. 아무리 흡연이 문제가 있다 하더라도, '애연가'들은 자신들은 예외라고 생각한다. 그럴 때, '애연'을 할 기회 자체를 차단시켜 버리면 '좋아하는 담배, 죄인처럼 피울 바에야 끊겠다!'는 의외의 효과를 만들어낼 수 있다. 처음에는 사무실 안만 금연이었는데 이제는 건물 전체, 심지어 술집에서도 금연이다. 건물 입구는 물론 버스 정류장에서도 피울 수 없고 유동 인구가 많은 거리 전체가 금연 구역으로 지정되기도 한다.

하지만 원래 '죄인처럼' 흡연하는 여자들에게는 그다지 새로운 압박이 아니다. 애초에 '노출된 공간'에서 흡연하는 것이 익숙지 않았던 이들이다. 카페의 흡연실에서, 화장실에서, 아니면 실외라도 최대한 구석에서, 최대한 '숨어서' 기호 식품을 향유하던 이들이 '금연 구역 좀 늘어난다고' 위축될 게 뭐란 말인가.

집안의 한 어르신 이야기로 이 글을 마무리할까 한다. 10여 년 전, 대구에서 평생을 사신 그분께서는 결혼식 참석차 '서울대 캠퍼스'를 처음으로 방문했다. 말로만 들었던 (이상하게 생긴) 정문에 감탄하고 대학 안에 버스가 다니는 진풍경에 놀라워했다. 연신 "역시 서울대는 달라도 뭔가가 다르군"이라면서 감탄을 멈추지 않았다. 학교 안 결혼식장에 도착해서는 "이야, 시골 촌놈이 드디어 서울대에 발을 딛다니, 영광일세"라면서 버스에서 내리셨다. 그러던 어르신이 갑자기 한 곳을 응시하면서 발걸음을 떼지 않는다. 눈을 따라가니 건물 앞 벤치에서 정답게(?) 담배를 피우고 있는 몇 명의 여자들이 보였다. 나에게 "쟤들 여자 맞지?"라고 재차 물어보던 어르신은 단호하게 말씀하셨다. "저 여자들은 절대 서울대 학생 아닐 거야. 내가 안다. 그럴 리 없다."

무엇을 아신다는 것인지 물어보지는 않았지만, 명절 때마다 나는 어르신의 '여성 흡연 관전평'을 반복적으로 듣고 있다. 그래서일까? 역시 대구에서 평생을 살다가 서울에 올라온 아내는 지금도 카페에 가면 흡연실의 여자들을 슬쩍슬쩍 쳐다본다. 그리고 내게 나지막하게 말한다. "저기, 여자 담배 피우는 거 봤어?"

술집에서는 왜
'이모~'라고 부를까?

언어의 사회성을 주제로 하는 강의 시간이었다. 일상에서 자주 사용하는 말 중 한국 사회의 민낯을 발견하는 것이 핵심이다. 예를 들어 '병신'이란 단어를 보자. 장애인 비하가 명백한 '병신'이란 단어를 사람들은 자주, 아무렇지도 않게 사용한다. 이를 문제 삼으면 '장애인 비하의 뜻으로 사용한 것이 아니니 괜찮다'는 면 죄부를 스스로에게 부여하는 이상스러움도 마다하지 않는다. '듣는' 장애인이 모욕을 느낀다는데, '말하는' 사람이 별일 아닌 것으로 치부하는 이 뻔뻔함에는 한국 사회에서 '장애인'이 어떤 불 평등한 취급을 받고 있는지가 적나라하게 드러난다.

출근길, 복잡한 지하철에 전동 휠체어가 들어가는 건 언감생심이다. '이동'이라는 보편적 권리를 행사해도, "너 하나 때문에 여러 사람이 피해를 보잖아"라는 초현실적인 추궁을 들어야 한다. 쉽게 말해, 한국 사회에서 장애인은 '같은 권리'를 누릴 수 있는 존재가 아니다. 그러니 일반적으로 언어의 폭력성을 규정할 때 사용하는 '듣는 사람이 수치심을 느끼는지가 중요'라는 잣대가 장애인들에는 적용되지 않는다. 서론이 길었다. 언어에는 그 사회의 민낯이 고스란히 들어 있다. 나는 이 말을 하고 싶다. 앞에서 등장한 "여자가 담배 피워요"도 이런 맥락이었다.

——— 이모, 착하지 않으면 딱히 할 일이 없는 존재

한 학생이 "왜 우리는 술집에서 이모라는 호칭을 사용하는가?"라는 질문을 던진다. 술집만이 아니다. 떡볶이 파는 포장마차 주인도 '이모'다. 가정부를 '이모님'이라고 하는 이들도 많다. 1단계 차원에서 토론을 시작해본다. '아마도 그것이 친근한 느낌'이 나기 때문 아닐까 하는 답들이 곳곳에서 들려온다. '이모'에는 단순한 호칭 그 이상의 향기가 있다는 것이다. 다음은 2단계다. 나는 "그런데 왜 하필 그 호칭이 '이모'여야만 할까요?"라는 질문을 던져본다. 학생들은 즉각 "이모가 더 친근하니까 그렇죠!"라고 답한다. 여기서 '비교' 집단이 등장한다. "그렇다면 '고모'는 안 친근하단 말인가요?" 이모가 친근한 느낌이니까 '호명'이 자주 된다면 고모가 친근하지 않은 것이 틀린 말이 아닌 듯하다. "고모! 소주 한 병!"이라고 말하는 사람이 있었던가? 별로 없다.

이제 토론은 "왜 고모는 이모가 갖고 있는 '푸근한' 이미지를 보유하고 있지 않을까?"로 이어진다. 학생들은 자신의 경험에서 '고모보다는 이모가' 훨씬 '면대면 조카 사랑'이 강했음을 증언한다. 이모는 고모보다 정말이지 순수하게 '그냥 내가 조카니까' 아낌없이 잘해주는 느낌을 많이 받았다고 한다. 이를 사회·문화적 요소와 연결시키자고 했다. 이제 한국 사회의 '부계 혈통'이 어떻게 일상 속에 스며들어 있는지가 적나라하게 드러난다. 울림이 강한 소리가 들렸다.

"이모는 집안일에 개입하기가 절대적으로 어렵잖아요! 그러니까 그냥 친구처럼 놀 수 있는 것 같아요."

와! 이 말을 듣는 순간 뒤통수를 맞은 기분이 들었다. 결국 이모는 '착하지 않으면 딱히 할 일이 없는' 존재였던 것이다. 이모였던 '그분의 성품이 착해서'가 아니라, 어떤 여자든 '이모'라는 명찰을 부여받은 상황에서는 노골적으로 말해 '다른 집'에 와서 '조카랑 노는 것' 그 이상의 역할을 할 수가 없다.

가정을 해보자. 만약 이모가 우리 집안일에 간섭한다면? 이모가 아버지한테 "형부, 왜 그때 일처리를 그렇게 하셨어요?", "형부, 저한테 상의도 안 하고 그런 결정 내리시면 안 되죠?"라면서 마음껏 자신의 의견을 개진한다면? 조카에게도 "너, 그렇게 공부하다가 나중에 뭐 하려고 그래?"라면서 간섭의 수위를 높인다면? 아마, 아주 오래전에 아버지로부터 '이 집에 출입 불가' 통보를 받았을 것이다. 아버지 입장에서 이건 일종의 '월권'이라고 이해했을 것이니, 그런 이모를 빌미 삼아 아내에게 폭행과 폭언을 서슴지 않는 경우도 충분히 발생 가능하다. 가장이 힘들게 만들어놓은 가정 규칙을 감히 '아내의 자매 주제에' 관여한 죄라면서 말이다.

─── 고모와 이모의 결정적 차이

반대로 고모는 집안일에 간섭할 수 있다. 그리고 '간섭이 늘면' 누군가에게 불편한 존재가 된다. 이모와 '같은 여자지만' 고모, 그러니까 '남자인' 아버지의 혈통과 연결되어 있는 여자는 이모와는 다른 지위를 부여받는다. 명백히 말해 '다른 집의 일'이지만 고모는 개입할 수 있다. '내 남동생 집의 일이니까', '우리 오빠집의 일이니까' 경계를 넘나들 수 있는 권한이 있다고 스스로도 생각한다. 아버지의 '누나'는 집안의 어르신 대우를 받아야 한다고 생각하고 아버지의 '여동생'은 자신이 '오빠의 동생'이라는 이유로 묘한 분위기를 연출하는 경우가 많다. 한국 사회에서 '시누이'가 단순히 호칭 그 이상의 무게감을 가지는 이유다. 그래서 고모는 '그냥 나랑 놀기만 하면 되는데', 괜히 다른 문제까지 건드린다. 대학 입시까지 걱정하고 취업도 걱정하고 어떤 사람과 결혼해야 하는지도 '마치 부모처럼' 조언한다. 이런 간섭을 아버지는 인정하고 어머니는 별수 없이 최소한 수긍하는 척해야 한다. 개입이 자유로우면 '얼굴을 찌푸리게 되는' 상황은 자주 등장할 수밖에 없다. 그래서 고모가 집안의 또 다른 '어른'이 되는 순간 필연적으로 이모보다 '무거운 존재'가 된다. 반대로 이모는 그 권한이 없으니 늘 '친근하게 지낼' 뿐이다. 딱 거기까지가 '남의 집'에서 이모가 할 수 있는 유일한 일이다.

이 이야기를 50대 이상의 중년 여성을 대상으로 하는 강의에서 한 적이 있다. 그런데 반응이 대학생들에게 이야기했을 때와는 비교할 수 없을 정도로 뜨거웠다. 가부장적 사회와 가정에서 산전수전을 다 겪은 이들의 울분이 그대로 드러난다. 내가 "그런데 고모는요? 어때요? 착해요?"라고 묻자마자, 모두가 그동안 사무쳤던 한(恨)을 말하느라 정신이 없다. 인간극장 수준이다. '울화통'이라는 단어가 자주 등장하고 분위기는 절정에 이른다. 자신의 경험이 사회학적 상상력으로 기막히게 전환되는 건 기쁘고도 씁쓸한 체험이니까.

그런데 이분들은 스스로를 '이모라고만' 생각하는 모양이다. 비극은 본인들이 바로 '고모' 역할도 하고 있다, 아니 '해야 한다'는 사실이다. 이 '아수라 백작' 역할을 잘 하지 않으면 오히려 욕

먹는 게 여자의 삶이다.

의심나면 한 번쯤 '고모스럽게' 이모 역할을 해보면 된다. 어떤 풍파가 불어닥치는지. '남자와 얽혀서' 살아가야 하는 여자의 삶이란 이렇다. 글을 다 쓰니, 그룹 넥스트의 '이중인격자'란 노래의 가사가 생각난다. 고(故) 신해철 씨는 이렇게 노래했다.

세상 사람 모두에게서 나를 지키려
부드러운 웃음 속에 날카로운 이빨을 감추어 두고서
때와 장소 계산하면서 나를 바꾸려
내 마음 깊은 곳에는 수많은 내가 있지만 그 어느 것이 진짜 나인지
이중인격자! 외로운 도망자! 하지만 해가 갈수록 삶은 힘들어

여자들은 때와 장소 계산하며 스스로를 바꿔야만 한다. 여자라는 이유만으로.

왜 누나는
남동생의 밥을 챙기는 걸까?

수지가 촬영장에 있을 때와 없을 때의 (분위기) 차이가 컸다. 촬영이
없는데도 현장에 자주 간 적이 처음인 것 같다. 현장에서 여배우가
가져야 할 덕목, 기다림, 애교, 그리고 있는 것 자체만으로도 행복감
을 주는 수지의 존재감이 촬영장에 해피 바이러스를 줬다.
_영화 〈도리화가〉 쇼케이스에서 배우 류승룡의 발언 중에서

사람들은 '스스로' 판단하고 세상을 살아간다고 자부하지만 그
속살을 보면 그저 사회가 설정해놓은 '규격'에 충실하게 살고 있
는 경우가 많다. 얼핏 사람을 수동적으로 보는듯한 인상을 주지
만, 이는 사회가 규격을 '민주주의 가치가 듬뿍 들어간 상식적인

것'으로 만들어놓으면, 사람은 별 노력(?)하지 않고 그저 '사회가 하라는 대로' 살아도 행복할 수 있다는 것을 의미한다. 물론, 쉽지 않다. 그 이유는 사회가 개인에게 제공하는 '규격'에는 비상식적인 것들이 너무나 많기 때문이다. 사회는 개인에게 '~답게 살아라'고 끊임없이 강요한다. 어른답게, 남자답게, 여자답게, 부모답게, 학생답게 등이 그러하다. 이런 강요는 개인이 사회화되는 과정에서 전방위적으로 노출된다. 그 결과 우리는 무의식적으로 '모름지기 인간이라면 이렇게 생각하는 것이 옳다'는 전제들을 마련해놓고 살아간다. 무의식적이라는 것은 그만큼 '사회화 효과'가 강력했다는 뜻이기도 하다. 그리고 여기서 다룰 또 하나의 '답게'는 '누나답게'다.

─────── 누나는 위대하다, 엄마가 위대한 것처럼?

방송인 김제동 씨의 토크 콘서트에 가본 적이 있다. 그의 입담은 '다' 좋은데, '하나'가 걸렸다. 김제동 씨는 "위로 누이 다섯 명을 두고 있는 것이 엄마 다섯 명이 더 있는 만큼 든든하다"는 말을 자주 했다. 희생해준 누나들을 위한 진심의 위로였을 것이다. 하지만 그 '좋은' 위로가 의도하지 않게 '나쁜' 사회적 규격을 만들어내기도 한다. 이처럼 표면상 따뜻함이 묻어나는 말들은 별

다른 의심 없이 여론이 된다. 유명 언론인은 김제동의 '누나론'을 들고, "동감한다. 누이 셋을 둔 나도 엄마 셋을 더 둔 느낌이었다. 형들한테는 아버지의 느낌을 받지 못했는데……누나는 위대하다"는 글을 트위터에 남겼다. 물론 훈훈한 답들이 이어진다.

> "우리 오빠도 그럴 거예요. 오빠가 목마르단 말 한마디에 누나 셋이 일어납니다. 시키지도 않았는데 ㅋㅋ 형부들 불만을 토로하기 시작하구요. 동생인 저만 일어나지 않고 그 광경을 구경하자니 웃겨서 ㅋㅋㅋ."

> "전 위로 누님이 한 분인데 느낍니다. 그 위대함을."

> "누나는 위대하다~ 맞아요. ㅎㅎ 전 남동생을 둘이나 키운 위대한 작은누나입니다~~~~."

> "그래서 남자들은 그런 말을 하죠. 태어나서 여자 세 명을 잘 만나야 한다고 ㅎㅎㅎ 엄마 부인 딸 ㅎㅎ 누나들은 동생을 잘 챙겨요. 보면……우리 집만 봐도 누나가 막내 잘 챙기는데 형은 안 그래요."

'누나의 위대함'은 의심의 영역이 아닌 것 같다. 하지만 나는 우리나라의 누나들, 참으로 부담되겠구나 하는 생각부터 든다.

자기 몸 하나 책임지기 어려운 게 인생살이인데, 동생을 위해서 '어머니 역할'을 하는 것이 당연히 누나'다운' 모습이라고 다들 이렇게 맞장구를 치고 있으니 말이다. 옳고 그름을 떠나 그럴 수밖에 없었던 배경이 있을 게다. 아마, 가족 모두가 남자를 '밀어주는 방식'이 가족 전체 건사에도 유리할 것이라는 판단과 (강제적인) 합의하에 누나의 의무가 과잉된 것 아니겠는가. 가족을 위한 남동생의 보상이 '나중에 있을 것'이니 지금은 누나가 그런 남동생을 '위해' 미리 희생하자는 일종의 교환 논리다.

사실 이것이 심심찮게 '통했던' 시절이 있었다. 남자 '하나' 잘 밀어주면 결국 가족 전체가 잘 먹고 잘 살았던 '적' 말이다. 그때에는 여자가 '세상에 도전해본들' 제대로 될 가능성이 매우 낮기도 했다. 그래서 굴욕적이지만 여자들은 '집안을 책임질 남자를 위해서' 많은 것을 참았다. 이것 자체로도 한숨이 나오지만, '그런 시대는 더 이상 존재하지 않기에' 더 쓸쓸하다. 남자가 '보란 듯이' 가족 전체를 건사하는 건 영화 〈국제시장〉에서나 가능한 일이다. 그럼에도 '모든 누나'들이 '남동생의 어머니'가 되어 살아간다니, 손해도 이런 손해가 없다.

─── 누나의 덕목은 희생과 봉사?

그런데 실제로 '진짜' 어머니 같은 역할은 할 수가 없다. 잔소리, 회초리 그런 것은 등장할 수 없다. 누나가 '진짜 어머니'처럼 남동생에게 매를 든다? 어이쿠. 누나 목숨 온전치 못할 소리다. 그녀들에게는 처음부터 끝까지 어머니의 아들을 '서포트'하는 역할밖에 주어지지 않는다. 그러니 밥 챙겨주고, 용돈 주고, 남동생의 앙탈 받아주는 '어머니' 역할을 누나가 할 뿐이다. 이것을 다른 말로 하면 '하녀'다. 나는 누나가 없지만 누나의 지위를 가진 친구들이 대학생이 되어서도 종종 보여주는 (제한된) '어머니 역할'을 경험하곤 했다. 모임 중에 "남동생 밥 챙겨주러 가야 된다"는 이유로 자리를 일찍 뜨는 '누나'들이 가끔 있다. 남동생이 '늦둥이'가 아니라면(즉, 혼자 알아서 먹기에 충분한 나이임에도) 대학생 누나가 이 역할을 한다는 것은 어처구니없다. 하지만 사회가 강요하는 규격은 '상식적'이지 않은 때가 많다. 재미있는 것은 '남동생 밥시간 → 누나 출동'이라는 공식이 '여동생 밥시간 → 언니 출동'보다 훨씬 많다는 것이다. '남동생 밥시간 → 형 출동'은 가뭄에 콩 나듯 희귀한 사례며, '여동생 밥시간 → 오빠 출동'은 본 적이 없다. 물론 그 반대, '오빠 밥시간 → 여동생 출동'은 심심찮게 등장한다.

  인간이 어떤 행동을 하는 이유가 그 일을 '하고 싶어서'가 아니라, '하지 않으면 큰일 난다'는 두려움의 발로(發露)라는 점을 생각할 때, 남동생 밥을 챙겨주는 누나의 행동은 여동생 밥을 챙겨주는 것보다 '하지 않았을 때의 후폭풍'이 더 크다는 것을 본인의 삶을 통해 이미 경험했기 때문 아닐까. 몇 번쯤은 "내가 왜 밥 차려줘야 되냐"면서 따져보았겠지만 그때마다 "누나로서의 희생정신이 없다", "누나가 되어서 그것도 못해주나"는 등의 소리를 들으면서 졸지에 '나쁜 년'이 되다 보면 나중에는 이게 정말 마음에서 '우러나오는 것'이라고 착각하게 된다. 이런 경험이 쌓이면 자신이 말하는 '이유'에 사회적 공감대가 충분하다는 확신으로 이어진다. 다른 핑계 내지는 거짓말로 모임에서 끝까지 있지 못하는 이유를 밝혀도 되지만, 전혀 그러지 않는다. '남동생 밥 챙겨줘야 하는' 누나를 막을 사람은 없기 때문이다. 오히려, 모임에서 빠질 명분을 내세울 때 더 유용하다. 이상한, 하지만 강력한 '우선순위'다.

하지만 '가만히 있어도' 밥이 알아서 차려져 자기 앞에 대령되는 것에 익숙한 남자들은 그 맥락을 이해하지 못한다. "왜 당신이 내 밥을 챙겨줘야 해?"라는 의심 또한 던지지 않는다. 이런 남자들이 나중에 "여자들은 회식도 적극적으로 참여하지 않고, 늘 집안일 바쁘다고 일찍 퇴근하려고 한다. 조직에 도움이 안 된다"라고 말하게 된다.

그런데 누나가 엄마 역할까지 하는 건 자신에게도 의미 없는 일이지만 남동생에게도 결국 손해다. 자기 몸 건사하기도 힘든 세상에서 '도움은 받아놓고 아무것도 보답하지 않는' 사람이 되지 않기 위해 발버둥 쳐야 하기 때문이다. 이처럼 누나가 여자이기 때문에 여자 '그 이상'의 의무를 수행하게 되면, 남동생은 남자이기 때문에 남자 '그 이상'의 의무를 수행해야 한다. 하지만 그런다고 효과가 나지도 않으니, 이건 '희생자'만 있는 이상한 게임일 뿐이다. 각자의 삶이란 도대체 어디에 있단 말인가.

───── 여배우의 덕목은 애교?

이 글의 시작에서 '촬영장에서 여배우가 가져야 할 덕목'을 운운한 배우 류승룡의 발언을 소개했다. 공교롭게도 이 글을 다시 다듬을 시기에 또 이런 일이 있어서 '세상은 여전하군'이라면서 쓴웃음을 지었다. 배우의 덕목, 나아가 일종의 '노블리스 오블리제'를 실천해야 하는 주연 배우의 덕목이 촬영장에서 필요한 것인지는 모르겠는데 여배우의 덕목은 도대체 뭐란 말인가? 그것이 '애교'로 주변인들에게 '행복 바이러스'를 전파하는 것이라니, 이야말로 전통적인 여성관에서 한 치도 나아가지 못한 거 아닌가. 그래도 시대가 조금은 달라졌는지 이 발언이 논란이 되기는 했다. 최소한 인터넷 공간에서는 '수지가 남자들의 기쁨조냐!'는 한

탄이 이어졌다. 그러면 (여배우 덕목 발언을 불편하게 느끼지 않았던) 남자들은 자신이 시대착오적인 생각을 여전히 갖고 있었다며 반성하면 된다. 하지만 여전히 자신의 생각을 고수하는 남자들이 많다. 류승룡보다 스무 살이나 어리지만 '그래도 남자인' 한 배우는 자신의 선배를 지탄하는 사이트를 링크 걸면서 이런 글을 작성한다.

> 이게 뭐 말 같지도 않은 헛소리야. 나도 옆 세트장이라 인사드릴 겸 갔었는데 수지 진짜 착하고 수지가 뭘 하지 않아도 분위기 좋고 그냥 수지가 너무 예쁘고 같이 촬영하는 사람들 모두 선배들 사이에서 힘내는 수지를 정말 좋아하는 게 느껴졌는데 승룡 선배님이 하신 말씀을 도대체 어떻게 봐야 저런 댓글이 달리는 거야. 저 사람들은 사회생활이 가능한 사고방식을 가진 거야? 진짜 수지가 기쁨조라고 느껴져? 승룡 선배님이 변태처럼 보이는 발언이었어?

이 글에는 한국 사회를 살아가는 남자들의 사고방식이 고스란히 드러나 있다. 여자가 예쁘다는 이유만으로 주변의 분위기가 좋아질 수 있다는 것은 실제 '예쁜' 여자 때문이 아니라 이를 바라보는 '주변'의 의식 수준 때문이다. 생물학적인 반응이 아니라 '그 사회에서' 학습된 결과물이라는 거다. 이에 대한 문제를 지적하는데 '우리의 남자 배우'는 서로 좋으면 그만이지 무슨 잘못이냐는 안이한 사고방식을 보인다. 사회문제는 누가 누구를 주먹으로 때려 코피가 나야지만 발생하는 것이 아니다. 남녀 역할이 엄격히 분류되어 있다고 믿는 사람들로부터 '분위기 좋았다. 우리 현장엔 아무런 문제가 없었다'는 평가를 받았다고 해서 그걸 '문제없음'으로 단정 지을 순 없다. 그것이 그의 말처럼 한국에서 사회생활이 가능한 사고방식일진 모르겠으나 '우리가 지향해야 할' 사회의 사고방식은 결코 아니기 때문이다. 오히려 명백한 문제를 '제대로 느끼지도 못하니' 더 큰 문제 아니겠는가. 마지막으로 류승룡이 수지를 '진짜 그런 의미'의 기쁨조라고 생각하지 않았다는 점은 분명하다. 하지만 이를 대수롭지 않게 여겼기에 어디에선가 '장자연 사건'이 발생한 것을 누가 부인하겠는가.

아침 드라마가 막장으로 가는
특별한 법칙

2005년, 창문 없는 지하 고시원 방에서 2년을 살다가 옥탑방으로 이사를 갔다. 지하 골방에서 일종의 펜트하우스로 주거권 상승(?)을 이룬 꼴인데, 그 과정에서 금전적 출혈이 무척이나 심했다. 하지만 나는 그만큼 '자유'를 원했다. 샤워하고 발가벗고 '내 집'을 활보하는 자유 말이다. 또 하나는 TV의 사유화. 공동체(?) 생활에서는 상상도 할 수 없는 채널 내 맘대로 돌리기, 그리고 TV 보다가 그냥 잠들기 등등. 삶이 궁할 때는 이런 것'조차' 못 하기 때문에 자신이 무척이나 처량해 보인다. 더 이상 스스로를 자학하지 않기 위해, 나는 없는 살림에 무리해서 당시 가장 저렴한 TV 한 대를 구입했다.

TV가 집으로 배송되던 날의 흥분을 아직도 잊지 못한다. 밤늦게 맥주를 마시면서 이리저리 채널을 돌리는 동안 나는 새로운 친구 80명을 만났다. 80개의 채널을 난 친구라 불렀다. 그때가 박사과정이 한창일 때라 공부에 집중할 시기였건만 나에게는 TV가 정말로 소중했다. 그 당시 나의 일상은 이랬다. 새벽에는 신문 배달, 낮에는 수업, 저녁에는 야간대학원 조교, 밤에는 과외. 2000만 원에 육박한 학자금 대출 때문에 어쩔 수가 없었다.

─────── 나를 배신하지 않는 친구, TV

고시원에서 옥탑방으로 이사를 했다고 해서 인생이 달라지는 것도 아니었다. 옥탑방은 여름에는 한증막이었고 겨울에는 이글루였다. 비루한 삶이 연속되는 내게 '친구'는 정말이지 필요했다. 그리고 이왕이면 친구가 더 '많기를' 바랐다. 이 친구들은 절대로 배신을 하지 않는다. 그들은 힘든 하루 일과를 마치고 오면 언제나 '그' 자리에서 날 기다렸다. 나는 80명의 친구들을 하나하나 정성스레 만난다. 이유는 없다. 그냥 '멍하게' 쉬면서 고단한 하루를 마감하고 싶을 뿐. 그런데 친구 관계가 그렇듯, 80명의 친구들을 '하나같이' 평등하게 사랑하기는 어려웠다. 다른 친구들에게는 미안하지만 나도 인간인지라 '하나의 채널'에 대한 개인적 사랑이 조금 심했다. 그저 스쳐 지나가는 다른 채널에 비해, 이 채널에 대해서는 각별한 '시간적 투자'를 아끼지 않았다. 그 친구의 이름은 '격투기 전문 방송'이다. 특히 심야 시간일수록 격투기 방송에서는 피가 더 낭자했다. 그래서 좋았다. 얼마나 좋아했냐 하면, 경기를 말리던 심판이 항상 야속했을 정도다. 내게 그 '피'는 예술가를 꿈꾸는 어느 화가의 물감 같아 보였다. 누군가는 나를 야만적이라 했고 쓸데없는 데 시간을 낭비한다며 비난했지만 내 사정을 알 리 없는 사람들을 상대하기는 싫었다. 일상에 지친 내게 '건장한 남자의 원초적 주먹질'은 카타르시스이자 위로였다. 자, 이제 다음 기사를 보자.

> 불륜, 복수, 출생의 비밀, 살인, 납치⋯⋯. 나열하기만 해도 왠지 모르게 오싹해지는 이런 일들이 날마다 펼쳐지는 곳. 바로 아침 드라마다. 자극적인 소재와 연출로 혹평을 받고 있지만 아침 드라마는 '막장'과 '통속' 사이에서 아슬아슬한 줄타기를 하며 빠른 전개와 확실한 권선징악 구조로 자신만의 장르를 만들어가고 있다. (⋯⋯) 남편의 불륜 또는 친구의 배신, 주인공의 각성, '백마 탄 왕자님'의 출현⋯⋯. 아침 드라마는 대부분 이 스토리라인에서 크게 벗어나지 않는다. 지금까지 수십, 수백 번 들어봤을 이야기가 지겨울 법도 하지만 이 시간대 TV를 시청하는 이들은 이런 이야기에 여전히 성원을 보내고 있다. (⋯⋯) 주 시청자 측은 '남편 출근, 아이 등교시키고

한숨 돌린' 40~60대 주부들. 실제로 시청자를 분석해보면 40~60대 여성이 아침 드라마 시청자의 60퍼센트가량을 차지한다. (……) 아침 드라마는 40~60대 여성을 타깃으로 놓고 이들이 주인공과 자신을 동일시하며 드라마에 몰입할 수 있는 구조를 갖췄다. 주인공이 이런 고난을 딛고 자기 자신을 찾는 모습은 보는 이들에게 카타르시스를 준다는 분석이 나온다.[주47]

이쯤이면 왜 격투기 이야기를 했는지 알 것이다. 사람들이 뭔가를 좋아한다면 어떤 이유가 있지 않겠는가. 나는 내 상황을 전혀 이해하지 않고 그저 쓴소리를 하는 사람들이 우스웠다. 대학원생이 밤에 공부해야 한다는 거 누가 몰랐겠는가. 내 (지친 하루를 마감하고 아주 잠시 휴식하는) '밤'이 다른 사람의 '밤'하고 달랐기 때문에 벌어진 일탈이란 말이다. 그와 같은 맥락으로 '아침 막장 드라마'에 주목해보자. 일단 아침 드라마가 막장인지 아닌지를 따지지 말자. 예전 MBC 드라마 〈분홍립스틱〉에서는 이런 대사도 있었다.

"제주도로 신혼여행 갔을 때 남편이랑 첫날밤 못 치렀지? 그때 너희 남편 어디에 있었는지 궁금하지 않니? 정우 씨랑 나 너희 옆방에서 함께 있었어. 우리가 얼마나 열렬했는지 이제 짐작이 되니? 나는 보고 싶어서 쫓아갔고 그 사람은 내가 안타까워 내 방문을 두들겼고……."

이 정도면 이미 위험수위를 넘겨도 한참 넘겼다. 다들 "이 정도인 줄은 정말 몰랐다"고 노발대발하겠지만 지금 방송 윤리를 따지자는 것이 아니니 포인트를 정확히 짚자.

─────── 직장인에겐 유흥업소, 주부에겐 막장 드라마

앞서 소개한 기사에서도 잘 나와 있듯이 아침 드라마가 '막장'이 많은 이유는 당연히 주 시청자가 '주부'라는 사실과 연결된다. 이것은 "왜 이런 아침 드라마가 '만들어'지는가?"에 대한 대답이 될 듯하다. 그렇다면 다음 질문은 "왜 주부들은 이런 드라마를 보는가?"일 것이다. 우리나라 '주부'들이 유독 막장을 환호하는 선천적 유전자를 갖고 있지는 않을 것이다. 이 질문에 대한 답은 한국에서 주부가 어떤 일을 하는지에 주목하면 충분히 찾아낼 수 있다.

남편 출근시키고 아이들을 학교에 보낸 다음 주부들은 신데렐라처럼 변한다. 늦은 밤, 어떤 경우에도 '격투기' 친구를 만나고 잠들어야만 했던 나처럼 말이다.

주부들의 아침은 개인의 것이 아니다. 남편의 출근을 '위한', 자녀의 등교를 '위한' 시간으로서만 의미가 있다. 이게 별거 아닌 것 같지만, 매일 한다면 참으로 고역이다. 특히나 정신적 공허함

은 대단하다. 남들은 회사를 다니든 학교를 다니든 어떤 생산성 있는 일을 하고 있는데 주부는 사실상 뒤치다꺼리나 하고 있는 거 아닌가. 한다고 해도 티도 안 난다. 하면 본전이고 알아주는 이 아무도 없으니 말 그대로 '뒤치다꺼리'이다. 그래서 주부의 아침 시간은 애처롭다. 누군가에게는 '생기발랄한' 아침일 수 있겠으나 그녀들에게는 아니다. 아침 드라마는 바로 이 애처로운 주부의 심리를 정확히 공략할 뿐이다.

그런데 이 '아침 막장 드라마'를 문제 삼는 이들이 많다. 그런데 드라마가 '막장'이라며 그 작품성을 비판하기보다, '아침에 주부들이 여기에 푹 빠져 있음'을 문제 삼는 경우가 많다. 여기서 '비판의 불평등'이 여지없이 드러난다. 사실 똑같다. 무엇과? 직장인들의 '밤' 말이다. 직장인들의 '밤 문화'는 아침 드라마보다 몇 배는 더 막장이고 게다가 '리얼' 아닌가?

새벽이슬이 내린 출근길을 걷고 있는데 그 시간까지 누군가가 술을 주체하지 못한 채 널브러져 있다고 가정해보자. 다들 욕 한마디씩 하지 않겠는가. 하지만 밤이 되면 그렇게 욕하던 사람이 술에 취해 휘청휘청 걷기 일쑤다. 아침만 해도 점잖던 직장인들 덕택에 유흥가가 불야성이 된다는 말이다. 이와 같은 공간을 가장 화끈하게 즐기는 열혈 애용자들은 누구인가? 1차, 2차 나아가 성매매까지 문화의 하나라고 화끈하게 인정해버리는 사람들. 그들의 대부분은 남자다.

─────── 소주 한잔 생각나는 마법의 시간

그렇다고 직장인을 폄하하는 것은 절대 아니다. 매일 그렇게 더러운 조직 사회의 쓴맛을 보고 사는 직장인들의 스트레스, 나도 충분히 안다. 먹고살기 위해서 애써 만들어야 하는 인간관계는 또 어떤가? 게다가 이 고생을 누가 알아주는 것도 아니다. 집에서는 오히려 돈 많이 못 번다고 구박까지 한다. 아, 소주 한잔 생각난다. 아침에 '샐러드' 깔끔하게 먹고 출근할 때는 그럴 생각이 없었는데 황혼이 깃드니 '오늘 마시지 않으면' 무슨 일이라도 날 것 같다. 한 잔, 두 잔……그러다 보면 1차, 2차로 이어지고 그러다가 '상상을 초월한'(?) 짓까지 서슴없이 하는 것 아니겠는가? 그리고 큰소리다.

"힘들게 돈 벌어오는데, 이런 것도 이해 못 해!"

주부들 역시 '맨정신이었다면' 그런 '막장'에 결코 환호하지 않는다. 그런데 '나도 모르게' 소주 한잔 생각나듯이, 그런 '마법의 시간'이 밀려온다. 아침은 주부들에게 그런 시간이다. 귀신처럼 별안간, 그러나 반드시 '그 시간'이 되면 찾아오는 허탈한 심정에 이를 달래줄 무엇을 찾는 인간 본연의 심리. 이렇게 준비되어 있는 아침의 고객을 대중매체가 놓칠 리가 있나. 직장인들이 있는 곳에 유흥업소가 번성하는 것처럼 주부들이 '원하는 시간'에는 막장 드라마가 찾아간다. 아니, 뭐 그렇다는 거다. 세상만사 다 이유가 있다는 말이다.

지방 강연을 늦게 마치고 올라와 소주 한잔 하려고 동네 국밥집을 찾은 적이 있었다. 옆 테이블에는 중년 남자 몇 명이 소주를 홀짝이며 약간의 시국 토론, 주로는 음담패설을 주고받고 있었다. 공교롭게도 그때 TV에서는 주부들이 '아침 막장 드라마'에 몰입하는 것이 문제라는 뉴스가 흘러나오고 있었다. 한 남자는 이렇게 말한다. "그 시간에 남편은 비좁은 지하철 타고 가족들을 위해 일터로 나가는데 여자들은 팔자 좋다."

나는 이렇게 말했다. "지금 이 시간에 아내는 집에서 아이들 밥해 먹이고 숙제 체크하고 목욕시키고 빨래 개고 있는데 남자들은 팔자 좋다." 물론 나만 들릴 만한 목소리로 말이다.

"힘들게 돈 벌어오는데, 이런 것도 이해 못 해!"

남자의 호구로 사는
여자들

종편에서 진행하는 '시사를 가장한' 예능 프로그램에 나간 적이 있다. 분야별 전문가들 몇 명과 방송인들이 모여서 특정 주제에 대해서 잡담하는 프로다. (방송으로 나갔는지는 모르겠지만) 녹화할 때 이런 에피소드가 있었다. "다시 태어나면 결혼하겠는가?"를 묻는 질문에 각자 의견을 말하는 것인데, 결혼을 한 사람들은 하나같이 '그래도 결혼하고 자녀 낳아 기르는 것만 한 가치가 없다'면서 친(親)결혼주의자임을 밝히는 데 주저하지 않았다. 이런저런 갈등이 존재하지만 '그래도 서로 다름을 인정하면서 부족함을 채워나가는 과정'이 너무나도 의미 있다는 '주례사'스러운 부연 설명도 빼먹지 않았다.

나는 '결혼하지 않겠다'는 입장이다. 이 질문에 대한 답은 오래전부터 결론이 나 있었다. 나라고 부족함을 서로 채워주는 기쁨이 왜 없겠는가. 힘든 상황에서도 '부모의 희생 덕에' 자녀들이 커가는 모습을 보는 만족감이 왜 없겠는가. 그러나 그것만으로 결혼을 다시 선택할 수는 없다. '그래도 내가 돈을 벌어서 가족을 부양하고 있다는 사실'에서 시작되는 여러 측면의 '미세한 불균형'이 내게는 무척이나 불편하기 때문이다.

——— 부부, 어쩔 수 없는 권력의 불균형

부부는 '함께' 인생을 살아가지만, 그것이 '삶'을 공평하게 산다는 것을 뜻하지는 않는다. 오히려 저 '함께'라는 말에는 누군가가 더 경제활동에 주력하면 다른 누군가는 그 활동이 잘되도록 협력해야 한다는 뜻이 포함되어 있다. 나는 의식적으로 이런 균열에 신경을 쓰는 편이다. '아내는 밥 차려주는 사람'으로 자녀들에게 인지되는 것을 막기 위해 부단히도 노력했고 충분히 성공했다. 그냥 설거지 좀 도와주는 개념이 아니라, 아내는 여태 '남편 밥 차려야 해서' 자신의 시간을 조정해본 역사가 없다. 스스로의 생물학적 기상 시간을 파괴한 적도, 본인이 밥 먹은 다음에 '늦은 저녁 식사'를 다시 차린 적도 없다. 아내는 그냥 자신이 배고플 때 밥을 먹는다. 그때 나와 타이밍이 맞으면 함께 먹을 뿐이지, 나와 타이밍을 고의적으로 맞추지 않는다. 그래서 우리 부부는 행복하다.

하지만 내가 할 수 있는 유일한 '균형 잡기'는 이것뿐이다. 화목한 나의 가정 이면에는 '돈을 벌어오는 나'에게 모든 것을 맞추려고 애쓰는 다른 가족 구성원들의 노고가 있다.

새벽같이 나가서 밤늦게 들어오는 나를 위해서 아내는 청소, 아이들 관리에 더 신경 쓴다. 내가 생계를 부양하는 사실은 "힘들게 아빠가 벌어온 돈으로 학원 다니는데"라는 말로 자녀들을 압박하는 수단으로 곧잘 이용된다. 공부는 스스로를 위해 하는 것이어야 하는데도 어느새 아이들은 남을 위해서 노력하는 인간이 되어버린다. '힘들게 돈 벌어오는 나'는 다른 가족 구성원들에 비해 일탈에 대한 배려도 많이 받는다. 아이에게 '이 꼭 닦고 자기', '벗은 옷은 가지런히 정리해서 빨래통에 넣기'를 부단히도 강조하는 나는 술에 취해 마루에서 엎어져 자기 일쑤다. 그러면 아내는 말없이 이불을 덮어준다. 아내가 나처럼 '무너진 적'은 단 한 번도 없다. 그녀의 일탈은 늦은 시간까지 드라마 보면서 맥주 좀 마시는 것뿐이다. 쉽게 말해, 진정 '내 집이니까 자유로운 사람'은 나뿐이다. 아내와 자녀는 아무리 자유로워도 '자유롭고자 하는' 생계 부양자의 눈치를 보고 있지 않을 수 없다. 그래서 나는 '다시 태어나면' 결혼하고 싶지 않다. 어느 여자에게, 그리고 자녀들에게 '누군가의 눈치를 볼 수밖에 없는' 삶을 제공한 책임이 부담스럽기 때문이다.

　내가 이렇게 말하자, 어떤 교수가 "굉장히 가부장적이시네요?"라면서 반문했다. 그러면서 요즘 세상에 누가 '그렇게 남편 눈치 보고' 사느냐면서, 마치 '나 빼고는 모두가 평등하게 살고 있다'는 식으로 말을 했다. 그 교수는 "아내가 경제권을 쥐고 있는 경우가 훨씬 많은데 무슨 말씀이세요"라면서 마치 '네가 무슨 사회학 전문가냐'는 식의 표정으로 히죽거렸다. 나는 참지 않고 반격했다. "평등하다고요? '경력단절'이란 말이 여성에게만 붙는 사회에서 그 무슨 말도 안 되는 소리입니까?" 뭐, 토론 프로그램에 나간 건 아니니 논쟁은 여기서 끝났지만 시간이 더 있었다면 이렇게 말을 이어갔을 것이다.

　아니 평등한데, '육아 문제'가 발생하면 왜 여자가 일을 그만두는 게 당연하죠? 맞벌이 가정에서 남편의 가사 노동 시간은 40분인데, 이건 OECD 최하위입니다. 아내의 194분에 비하면 터무니없는 시간이죠. 그간 세상이 좋아졌다고 하셨는데 틀린 말은 아니죠. 여자들은 5년간 6분 줄었거든요. 쓰레기 대신 버려주고 어쩌다가 앞치마 둘러주는 남편은 무려 3분이나 더 일을 하게 됐답니다. 참 평등해졌죠? 그리고 경제권과 경제력은 잘 살펴보셔야 하죠. 지금 아내가 쥐고 있는 가정 내 경제권은 사실 경제력을 상실하면서 업무의

분업 형태로 이루어진 성격이 강하죠. 돈은 남편이 벌고 '관리'는 아내가 하는 거에 불과하죠. 실제 '관리'도 '절약하고 그 와중에 또 교육 투자 효율적으로 잘하는' 형태로 정형화되어 있죠. 스스로가 주인인 '경제권'이 아니라는 말입니다. 자기 멋대로 경제권 행사하다가는 그것마저도 뺏기게 되니까요. '아내에게 용돈 받아 사는 남편'의 모습을 가지고 대단한 의미를 부여하시는 모양인데, 그게 다 '돈을 못 벌면 관리라도 잘해야 한다'는 압박에서 비롯된 것일 뿐이죠. 남편이 벌어오는 돈을 '여자가 관리'한다는 것 자체가 이미 기울어진 운동장이란 말입니다.

──── 낭만적인 남편의 증가는 반길 만한 현상인가

주변에는 들리는 '화목한 가정'은 이러한 성별 분업이 익숙해진 집이 대부분이다. 물론 아내 입장에서 과거에 비해서 '확연히 달라진' 남편을 느낄 수는 있다. 직장 생활을 포기하도록 한, 혹은 직장과 가정일 다 신경 쓰느라 고생한 아내에게 최소한 '미안해하는' 남편은 많아졌기 때문이다. 하지만 상황이 도와주지 않으니 '인지적인 변화'가 '물리적인 변화'를 동반하지 못한다. 이 마음 한구석의 짐을 '멋진 선물'로 대신하는 남편들이 많다. 주부들이 선호하는 카카오스토리에는 '남편이 출장 다녀오면서 면세점에서 산 가방'(일반적으로 향수, 어쩌다가 구두, 그리고 아주 가끔은 고급 자동차)이라고 올라오는 글들이 수두룩하다. 댓글은 '남편이 다정다감하다', '부러워죽겠다'는 내용뿐이다. 여기다가 '항상 나 때문에 고생하시는 당신에게, 늘 미안해요'라는 남편의 손편지까지 등장하면 여기저기에서 괴성이 오간다. 아내는 '앞으로도 열심히 살아요. 우리 꼭 성공해요'라면서 지금까지의 '기울어진 운동장'에서 불평 없이 살겠다는 다짐도 빼먹지 않는다. 그러니까 낭만적인 남편의 증가는 '사회구조'가 전혀 변하지 않았다는 것을 실증할 뿐이다. 심리적 위안이 동반된 가정은 '화목'할 수는 있지만 이것만으로 '평등'이 완성될 리 없다.

남성 생계부양자 모델(Male breadwinner model)은 한국 사회에서 여전하다. 남자가 생계를 책임지고 여자는 이를 지원, 전문용어로 '내조'한다. 맞벌이를 해도 이 큰 틀의 변화는 일어나지 않는다. 이 모델은 '힘'을 가장 중요한 가치로 여겼던 농경 사회, 사회적 합의에 의해 힘에 대한 보상을 인정한 산업사회를 거치면서 견고해졌다.

1인이 벌어 4인이 먹고살 수 있으니, 기왕이면 '야근에, 특근에 주말 잔업까지' 버틸 체력을 보유한 남자가 그 '1인'이 되고 나머지 3인은 다른 일을 분업하는 것이 가정의 입장에서 훨씬 유리하다. 남자가 주도적으로 일하는 곳에서 여자들에게 불합리한 것들은 수도 없이 많았지만 다들 참았다. 말 그대로 어차피 세상이 이러하니, '돈 잘 벌어다주는 남편을 만나는 것'이 여자 입장에서는 굉장히 중요해졌다. 그래서 경제력을 포기하고 경제권만 가지고 사는 비참함도 감수하고 살았다. 그 희생이 결국에는 보상이 된다기에 참았다. 가끔씩 남편의 선물을 받는 심리적 위로에 만족해야 했다.

그런데 이제 시대가 달라졌다. 희생했다고 해서 가화만사성(家和萬事成)이라는 보상이 따라오지 않는다. 남편은 '일찍' 해고되고 자녀들은 '늦게'까지 취업되지 않는다. 남성 생계부양자 모델은 그 자체로도 문제가 있지만 이제 '효율성' 측면에서도 꽝이다. 자, 그러면 이 비효율적인 모델은 폐기될까? 아니다. 지금껏 이 모델 속에서 약자로 존재한 사람만이 동네북이 된다. 희생의 크기로 본다면 가장 화낼 사람은 아내이자 엄마임이 분명하지만 그녀는 늘 분풀이 대상, 즉 호구일 뿐이다. 남편은 사회생활에서 살얼음판을 걷는 스트레스를, 자녀는 번번이 취업 문턱을 넘지 못한 울분을 집에서 고스란히 표출한다. 가장 희생한 사람이 자책을 해야 할 지경이다. 물론 다수의 여자들은 지금껏 산전수전 겪었던 경험으로부터 터득한 지혜를 발휘하여 누군가의 '화'를 받아준다. 그리고 이와 비례하여 본인의 화는 속으로 감춘다. 운동장은 '더' 기운다.

기도밖에 할 게 없는
여자들

잊을 만하면 등장하는 것이 목사들의 '실언'이다. 일반적으로는 같은 종파의 정치인을 지나치게 찬양하는 식이었는데 최근에는 수위가 더 높아졌다. 천재지변을 종교와 연결시켜 해석할 때 그 밑바닥은 적나라하게 드러난다. 일본에 지진이 난 것도, 동남아시아에 쓰나미가 밀려온 것도 '예수 그리스도'를 믿지 않았기 때문이라고 말하는 어떤 목사가 있다. 미국에 허리케인이 강타하면 그건 '동성애가 범람했기 때문'이라고 말하는 어떤 목사가 있다. 그런데 이들은 하고많은 종교 중에서도 죄다 개신교 성직자다. 단지 '개인적 일탈'로 이 문제를 볼 수 없다는 뜻이다. 그들의 실언에는 '그것이 등장할 만한 한국 사회'가 고스란히 배어 있다.

그렇다면 '어떤' 목사님은 도대체 왜 저 모양일까? 나는 '정제되지 않은 단어'와 '막가파식 논리'를 너무나 자연스럽게 말하는 목사들을 볼 때면, '아니 평소에 얼마나 말을 멋대로 할 수 있었으면 저런 말을 저렇게 당당하게 하지?'라는 의문이 들곤 했다.

─────── 막말 목사 뒤에는 호구 신자가 있다

목사는 일상적으로 신자들과 늘 '소통'을 해야만 하는 직업 아닌가. 성인 신자들이 지적해주는 것만 염두에 둬도 최소한 선을 넘기지는 않을 터인데 왜 저런다 말인가. 그런데 여기에 답이 있다. '괴물' 목사가 있다는 것은 '잘못된 것을 잘못되었다'고 말하는 신자들이 '없었다'는 사실을 뜻하기도 한다.

교회는 평소 목사가 무슨 말을 하든, 그것을 이성적 논리로 따져보는 곳이 아니다. '그대로 될지어다'의 뜻을 지닌 '아멘'(Amen)을 내뱉는 사람들이 모인 곳이다.

바로 그 사람들의 절대다수가 '여자'다. 통계에서 드러난 수치는 (개신교와 가톨릭 모두) 6 대 4 정도로 여자 신자가 많다. 여기서 주일마다 예배(미사)에 참여하는 경우를 따져본다면 남자 신자들이 '빠지는' 경우가 훨씬 많다. 그래서 일요일에 교회나 성당을 가보면 여자 신도가 압도적으로 많다는 걸 알 수 있다. 비약하자면 '여자'들이 신자 이전에 시민의 역할을 교회 안에서 하지 않으니 해괴망측한 목사가 등장한 것이다.

평소에 목사가 흥분할 때 함께 북 치고 장구 쳤으니(더 열성적으로 '아멘'이라고 외쳐대는 방식) 누군가는 기고만장해졌으리라. 단지 예배 현장에서만이 아니다. 한국의 개신교에서(천주교도 마찬가지) 여자 신도들의 역할은 절대적이다. 그녀들은 교회에서 중추적인 역할을 하나씩 맡는다. 전지전능한 하나님의 사업에 동참한다는 이유로 노동력은 보상받지 못한다. '열정페이'의 원조라고나 할까. 이것은 명백한 '착취'지만 그곳에선 '순응이 곧 천국에 이르는 길'이라 믿는다. 고용주(?) 입장에서는 '일당백 노동자'다.

그렇다면 한국의 여자들은 도대체 왜 이렇게 호구로 사는 걸까? 똑같은 질문을 남자들을 상대로 던지면 쉽게 답을 찾을 수 있다. 교회에 '열심히' 나가는 남자들에게 "왜 그렇게 열심히 교회에 다니세요?"라고 물으면 물론 두리뭉술한 답변이 나오겠지만 결국에는 '인맥 관리'가 근본적인 원인이라는 걸 알 수 있다. 하지만 여자의 경우는 이것이 결정적인 이유라고 하기는 어렵다. 그렇다면 무엇이 진짜 이유일까? 여자들이 교회에서 어떤 기도를 하고 있는지를 살펴보자 그 실마리가 풀리기 시작한다. 인맥 형성과 관리라는 목적의식이 있는 남자들에 비해 여자들의 기도는 훨씬 간절하다. 남자들과 같은 주제의 기도를 해도 여자들의 표현력과 언어는 풍성하기 그지없다.

예를 들어, '수능시험을 앞둔 자녀'를 위한 기도를 어떻게 하는지 살펴보자. 먼저 남자다.

우리 아이 시험에서 평소처럼 자기 실력 발휘하게 해주세요. 기도 끝. 아차, 아멘.

하지만 여자는 이렇게 기도한다.

하나님. 하나님. 들리시나요. 내일은 저의 모든 것인 우리 아이가 인생의 단 한 번뿐인 수능 시험을 치릅니다. 제가 이 아이를 어떻게 키웠는지 하나님께서 누구보다 잘 아시리라 믿습니다. 저는 이 아이 때문에 다니던 직장도 그만두었지만 단 한 번도 불만을 가진 적이 없습니다. 학원 앞에서 아이를 기다리면서 성서를 손에서 놓은 적이 없습니다. 정말로 최선을 다했습니다. 남편하고 이혼할 생각 여러 번 했지만 아이 때문에 늘 참았습니다. 간절히 바랍니다. 내일 시험 꼭 높은 점수 받도록 해주세요. 한국에서 수능 한번 잘못 치르면 인생이 완전히 꼬입니다. 우리 아이가 그렇게 되도록 할 수는 없습니다. 그러니 꼭 연·고대 가게 해주세요. 꼭 들어주세요. 들어주신다면 지금보다 백배, 천배 더 주님을 사랑하고 살 것입니다. 진짜 약속할 수 있어요. 하나님도 약속해주실 거죠? 아멘. 아멘. 진짜로 아멘.

기도 안에 협박이 난무한다. 모르는 문제를 '찍더라도' 도와달라는 기세다. 전지전능한 하나님이 기도를 들어주신다면 마킹용 모나미 사인펜하고 영적 교류라도 할 기세다. 거의 애니미즘 수준이지만 그만큼 간절하다. 목표는 명확하다. 무조건 내 아이가 잘 되어야 한다. 이유는 간단하다. 아이의 '성적'이 곧 '엄마'의 성적이기 때문이다. 이렇게 받아들이는 배경을 이해하는 것은 어렵지 않다. 같은 부모지만 아이 때문에 엄마가 더 포기하고 참고 살았기 때문이다. 억울함은 아이에 대한 투자로 이어졌고 그때마다 남편은 "학원비가 그렇게 비싸? 제발 사교육비 좀 줄이자"면서 불만을 표출했을 것이다. 자신의 결정이 옳았음을 증명하기 위해서라도 아이는 대박이 나야 한다. 아이의 성적이 희생과 맞바꾼 엄마의 과거를 보상해주기 때문이다.

───── 여자들에게 자유를 허하지 않은 대가

이것은 원한과 복수의 문제가 아니다. 엄마는 지금껏 가정에서 (노동은 끊임없이 했지만) 공식적인 '생산성'을 보여준 적이 없다. 남편이 생산성 있게 살도록 내조를 해야 했고 자녀들이 생산성 있는 사람이 되도록 뒷바라지에 충실했다. 이런 부차적인 존재에게 자녀의 입시 결과는 타인으로부터 '엄마 덕택에'라는 말을 들을 수 있는 유일한 기회다. 입시뿐이겠는가? 취업을 앞두고도 그럴 것이다. 남편의 승진을 앞두고도 '간절한 기도'를 하는 건 마찬가지이다. 자신이 성공하지 못했으니 대리만족이라도 해야 하기 때문이다.

흔히들 간절히 기도하는 종교적 행위를 지극히 개인적인 측면으로 이해하지만, 처음부터 끝까지 다 사회적인 맥락에서 파악할 수 있다. 사회가 제대로 돌아가면 이런 기도를 할 필요가 없다. 하더라도 이토록 간절하진 않다. 하지만 '사회가 병들면 개인도 병이 들기 마련'[주48]이기에 한국의 여자들은 이상한 기도를 한다(이것이 유럽과 한국의 예배 풍경이 다른 결정적인 이유다. 유럽의 예배 분위기는 차분하다. 그리고 소규모다. 하지만 사회 시스템이 문제를 해결하지 못하는 곳에서는 '온갖 것'이 기도의 대상이 된다).

글을 시작하면서 던졌던 질문으로 되돌아가보자. 신자의 다수를 차지하는 여자들은 '목사가 어떤 말'을 하는지 관심이 없다. 교리를 이해하는 건 애초에 '교회를 다니는' 목적이 아니기 때문이다. 오직 자신의 이유에만 충실한다. 그러니 목사는 스스로를 '성찰할' 기회 자체를 얻지 못한다. '아멘'이 난무하니 자신의 말이 굉장히 사람의 심금을 울리는 걸로 착각한다. 그러다가 실언, 아니 망언을 밥 먹듯이 하게 된다. 여자들에게 자유를 허하지 않은 대가는 이토록 참혹하다.

'남자답게, 여자답게'는
이제 지겹지 않니?

아빠, 나 예뻐?

어쩌다 보니 남자인 내가 남자를 비판하게 되었다. 그래서 '새롭게' 발견된 지점도 있을 것이고 '놓친' 맥락도 많을 것이다. 마치 남자들과 싸움이라도 할 기세로 여러 내용을 다루었지만 이 책이 던지는 메시지는 그렇게 투박하지 않다. 이 책에 나오는 사례들이 '모든' 사람들을 설명할 순 없지만 '많은' 남자와 여자를 대변하는 건 분명하기 때문이다. 비록 '일부'라 할지라도 유독 한국에만 존재하는 일부를 주목한 것이니 충분히 의미심장하다.

　나는 내 자녀들이 남자답게, 여자답게라는 말 대신 '인간답게'라는 말에만 신경 쓰며 살았으면 한다. 인간답다는 건 일방적으로 강요되는 성별 정체성에서 벗어나겠다는 것이니, 그런 구속은 아름답지 아니한가. 하지만 실제 내 자녀가 처한, 그리고 앞으로의 상황은 녹록지 않다.

딸아이가 유치원에 다닐 때, 목욕을 시켜주다가 있었던 일이다. 딸은 욕조 옆에 있는 작은 거울을 보면서 목욕 내내 온갖 포즈를 잡는다. 물론 그 포즈는 미녀 배우가 화보를 찍을 때 촬영장에서 보여주는 그런 현란한 모습이라 생각하면 된다. 그러면서 10여 분의 짧은 시간 동안 "아빠, 나 예뻐?"를 족히 200번은 묻고 또 물었다. 보통의 아빠들이라면 평범하게 받아들일 일곱 살 '천생 여자아이'의 모습일 수 있다. 딸의 이 귀여운 모습을 사랑하지 않을 부모란 없다.

하지만 난 좀 달랐다. 먹먹했고 울적했다. 나는 내 딸이 그러지 않기를 무척이나 바랐다. 어릴 때부터 교육도 철저했다. "여자는 말이야……", "제발 좀 여자답게……", "너는 여자애가 왜……"라는 말은 일절 입밖으로 꺼낸 적이 없었다. 남자, 여자라는 성별에 따라 개인의 정체성을 구속시키는 것을 내 딸에게만은 강요하고 싶지 않았다. 여성학 강의를 하는 사람답게 공부도 열심히 했다. 제목에서부터 주제가 확 드러나는 페기 오렌스타인의 『신데렐라가 내 딸을 잡아먹었다』(2013, 에쎄)와 같은 책이 내겐 육아 전문 서적이었다. 그럼에도 내 딸은 디즈니 만화 주인공들인 백설공주, 신데렐라, 라푼젤의 온갖 섹시 포즈들을 취하면서 '너무나 완벽하게' 어떤 이상적 여자의 모습에 도취되어 있었다.

'사회화'의 과정으로만은 설명할 수 없는 인간의 타고난 본성인 것일까? 사회학을 공부한 사람으로서 굴욕적이지만 이렇게 이해하는 것이 속 편하지 않을까 했다. 이 에피소드를 교수들이 모인 자리에서 슬쩍 이야기한 적이 있다. 하지만 내 푸념을 듣고 교수님 한 분은 전혀 다른 말씀을 하셨다.

여어. 오 박사. 그렇게 생각 마. 그게 바로 더 이상 '가정교육 수준'으로는 한 아이가 가정 밖에서 경험하는 사회화의 무게를 뒤집지 못한다는 증거야. 학교도 들어가기 전에 어린이집, 유치원 등에 최소 5년을 다니잖아. 칫솔, 양치 컵, 식판부터가 이미 남녀가 확연히 구분되는 곳에서 자기 친구들은 핑크색 수저를 들고 있는데 혼자만 파란색 들면 어색한 거지. 사회적 관습을 질서라고 여기는 교육 행태도 여전하지. 그렇게 시작하는 성별 구분이 과거에 비해 더 빨라졌고 하루에 머무는 시간도 길어졌잖아. 아이들의 입장에서는 오 박사처럼 "여자라고 다 그런 것은 아니야"라고 말하는 어른이 더 혼란스럽지. 다른 부모들도 별로 관심 없을걸? 원어민 영어 선생이 백인이야 흑인이냐 이런 건 따져도 발표회 때 옷들은 왜 그렇게 구닥다리인지 따지는 사람은 없지. 오히려 아이들 기 살린다고 드레스 맞춰준다고 그러잖아.

비판 정신이 금기시된 나라

사실이었다. 부모들이 과거에 비해 더 바빠지면서 자녀들은 '더 빨리', '더 오래' 외부 기관에서 생활하게 되었다. 그런데 부모들은 '바빠졌음에도' 미래는 불안전하다. 고등학교만 나와도 먹고 살던 시절은 끝났다. 대학을 나왔음에도 '평범한 삶조차 누릴 수 없는' 부모들은 자녀들만큼은 이렇게 살지 않기를 희망하고 이는 고스란히 사회 전체의 경쟁의식을 기하급수적으로 늘린다. 유치원, 어린이집도 예외가 될 수 없다. 부모들은 아이들이 이곳에서 초등학교 과정을 미리 공부하기를 바란다. 이와 비례하여 '공식적인 평가 기준'이 아닌 것에 대해서는 왈가왈부하지 않게 된다. 성별 분업? 성차별? 고정된 성 정체성? 이런 논의는 SNS에서나 하는 푸념이지 공적인 토론거리가 아니다. 해봤자 '과민 반응하는 유별난 부모'라는 주변의 압박에서 자유로울 수 없다. 내 딸은 30년 전 내가 다녔던 유치원보다 '더' 투박스러워진 공간에서 더 빨리, 더 오래 생활하고 있는 셈이다.

아이들은 어떻게 커나갈까? 이미 세상에서 경쟁은 어쩔 수 없는 것이 되었다. '과연 이런 것까지 경쟁해야 하나?'라는 의문은 사라졌다. 그러니 개인들은 '동원할 수 있는 모든 것'을 활용하면서 이 정글에서 생존하고자 한다. 이때 개인은 자신을 쉽게 드러낼 수 있는, 그러니까 '익숙한 것'을 극대화시켜 상품으로 포장하는 전략을 수립하기 마련이다. 그래서 남자들은 '강한' 남자로서 자신을 드러내려 하고 여자들은 '조신한' 여자로서 자신의 장점을 어필하려고 한다. 옳고 그름을 떠나 이 사회가 원하는 것이 '부당한 것을 잘 참을 수 있는지'이니 별수가 없다. 비판 정신? 그런 건 금기다. 성형수술이 당당히 취업 9종 세트에 포함된 세상에서 대학은 "여자가 안경 끼고 면접 보러 가는 건 자살행위"라고 말하는 취업 특강을 정규 학점에 포함시키면서 학교와 연계된 안과에서 라식수술을 받으라고 권하는데 말 다한 것 아니겠는가.

이런 사회에서 '인간답게'는 중요치 않다. 남자답게, 여자답게라는 말만 부유하는 곳에서는 '일그러진' 인간들만이 활보한다. 이 글을 쓰는 중에 아침 신문을 보니 여성 직장인 51.4퍼센트가 직장에서 성희롱을 당한 경험이 있고 이 중 56.4퍼센트가 외부에 알리지 않고 그냥 묻어둔다는 뉴스가 눈에 들어온다.

그 이유를 보니(복수응답) '어차피 해결될 것 같지 않아서'(64.1퍼센트), '이상한 취급을 받을 것 같아서'(39.3퍼센트)라고 한다. 주변에 알려봤자 가해자가 처벌을 받는 경우는 5.7퍼센트에 불과하다.주49 성희롱인지도 모르면서 말하고 행동하는 '남자다운' 남자들과 알면서도 모른 척해야 하는 '여자다운' 여자들, 그리고 이 문제가 드러나도 애써 외면하려는 '사람들'이 많은 곳은 전혀 '인간다운' 세상이 아니다.

감사의 글

이 책은 6년 전 작성했던 칼럼이 4년간 내 블로그에 묵혀 있는 걸 안타깝게 생각한 편집자가 연락을 취하면서 시작되었다. 기존의 글을 다듬어서 책을 내는 데 6개월이면 충분할 줄 알았는데 뜯어고치고 보충하는 데 2년이 넘게 걸렸다. 오랫동안 기다려준 박지호 편집자에게 감사 인사를 전한다. 나는 그동안 몇 번의 원고 지연 메일을 보냈지만 그녀는 한 번도 '화남'을 내게 들키지 않았다.

이 책의 기반이 되는 연재 칼럼 "남자가 바라보는 남성계"(페미니즘 웹진 〈온라인 이프〉에 연재)는 2009년에 내 강의를 수강했던 서강대 사회학과 전혜영 씨(08학번)의 제안으로 이루어졌다. "내가 어떻게 페미니즘 매체에 글을 쓰냐"고 했지만 "선생님처럼 생각하는 남자들 별로 없어요. 의미 있을 터이니 용기를 내세요"라고 응원하던 모습이 생생하다. 내게 새로운 지평 확장의 기회를 준 전혜영 씨에게 '고마움'을 전한다.

칼럼을 연재할 당시, 많은 악플에 시달렸지만 정말로 많은 남자들에게 "공감한다. 힘을 내라!"는 격려 메일도 받았다('뜬금없이 들리시겠지만 만나서 소주 한잔합시다'라는 분들이 꽤나 많았다). 또한 의견 차이가 있더라도 정중하게 토론을 제안하며 궁극적으로 어떻게 하면 '좋은 사회'를 함께 만들어나갈지 심사숙고해주었던 분들도 기억난다.

이분들 덕택에 나의 주장을 책의 형태로 다시 세상에 드러내는 용기를 낼 수 있었다.

마지막으로 아내, 딸, 아들에게 고마움을 전한다. 참고로 아내는 송중기와 '프렌즈팝' 게임, 초등학교 2학년 딸은 걸 그룹 '여자친구'와 잡지 〈어린이 과학동아〉, 네 살 아들은 티라노사우르스와 〈헬로 카봇〉을 좋아한다. 남편도, 아빠도 좋아해줄 거라 믿는다.

주1 〈한겨레〉, 박노자, "한국적 특색의 신자유주의", 2014. 3. 19.

주2 저자가 블로그에 올린 글 "'출산'과 '군대'를 비교한 게 죽을죄냐"(2008. 8. 2.)에 대한 닉네임 '실*'의 댓글.

주3 리베카 솔닛, 『남자들은 자꾸 나를 가르치려 든다』, 27p, 2015, 창비

주4 집안(가문)의 명예를 더럽혔다는 이유로 가족 구성원을 죽이는 관습. 주로 순결을 잃거나 간통한 여성을 상대로 이루어진다. 이슬람권 문화에서 등장하나 보편적이지는 않은 종교적 풍습이다.

주5 웹툰 〈송곳〉에 등장하는 대사다.

주6 윤보라 외, 『여성혐오가 어쨌다구? : 벌거벗은 말들의 세계』 중 윤보라의 글 「김치녀와 벌거벗은 임금님들 : 온라인 공간의 여성 혐오」, 30p, 2015, 현실문화연구

주7 권인숙, 『대한민국은 군대다』, 2005, 청년사

주8 〈노컷뉴스〉, "우리 군사 문화의 뿌리는 프로이센? 사무라이?", 2013. 7. 23.

주9 콜레스테롤과 혈관을 비유적으로 사용하며 논의를 전개하는 것은 노명우의 『세상물정의 사회학 : 세속을 산다는 것에 대하여』(2013, 사계절)를 참조했음을 밝힌다. 노명우는 언론이 자기 역할을 하지 못하는 것을 '사회적 콜레스테롤'의 증가라 일갈한다(71~79p).

주10 이 실험은 〈엑스페리먼트〉라는 제목으로 독일(2001)과 미국(2010)에서 영화로 만들어졌다.

주11 〈오마이뉴스〉, 김종대, "진보는 차별 정당화하는 믿음과 싸우는 것", 2015. 11. 11.

주12 이는 문화평론가, 진중권의 말이다. 2007년도 있었던 심형래 감독의 영화 〈디워〉에 대한 〈MBC 100분 토론〉에서 진중권은 영화를 혹평했던 자신에게 네티즌들이 '직접 영화 만들어보시든가~'라는 식의 냉소를 보인 것에 대해 언급하면서 이와 같이 말했다.

주13 〈주간동아〉, 950호, "4분", 2014. 8. 11.

주14 〈경향신문〉, 이영미, "코미디 소재의 마르지 않는 샘물, 군대", 2013. 2. 21.

주15 〈한겨레〉, "군대는 일종의 침팬지 수용소다", 2015. 12. 19.

주16 〈새가정〉, vol. 57(625), 박준용, "철저하게 용서를 빌라 : 용서받지 못한 자", 62~65p, 63p, 2010.

주17 번역은 다음의 글을 참조했다. 〈오마이뉴스〉, 윤현, "개저씨, 그들은 왜 죽어야 하나", 2016. 1. 4.

주18 〈한겨레〉 "(인터뷰)아버지 나라 찾아온 '라이따이한' 김 무어 타오 린, 2세들에게 사죄한다면 기술교육 기회 제공하길", 1994. 12. 21.

주19 〈한겨레〉 "베트남 종전 20돌 동반의 새 시대로 (3). 아버지의 나라서 '무국적난민' 설움", 1995. 5. 2.

주20 〈경향신문〉, "학대보다 잔인한 무관심 '우린 꿈꿀 권리도 없는가'", 1995. 8. 22.

주21 〈한겨레〉 "베트남의 한국인 2세들, 아버지 만날 날 꿈꾸며 한국말 배워", 1992. 2. 7.

주22 〈오토피아〉, vol. 30(1), 지충남, "필리핀 코피노에 대한 탐색적 연구 : 실태와 지원방안을 중심으로", 269~305p, 279p, 2015.

주23 2010년 11월부터 2011년 1월까지 SBS에서 방영된 〈시크릿 가든〉의 한 장면이다.

주24 〈한겨레〉, 이라영, "폭력이 살아남는 방식", 2014. 3. 26.

주25 지난 2008년 당시 한나라당 나경원 의원이 특강 자리에서 이 말을 해서 문제가 된 바 있었다. 나 의원은 여교사가 우수한 사람들이라는 것을 비유하기 위해서 사용했다가 빚어진 오해라고 해명했다.

주26 윤보라 외, 『여성혐오가 어쨌다구? : 벌거벗은 말들의 세계』 중 윤보라의 글 「김치녀와 벌거벗은 임금님들 : 온라인 공간의 여성 혐오」, 16p, 2015, 현실문화연구

주27 강인규, 『망가뜨린 것 모른 척한 것 바꿔야 할 것』, 86p, 2012, 오마이북

주28 리베카 솔닛, 『남자들은 자꾸 나를 가르치려 든다』, 49p, 2015, 창비

주29 잘 표현했다는 의미다.

주30 저자가 블로그에 올린 글 "신생아 아빠, 엄마와 아빠의 차이"(2008. 8. 30.)에 대한 닉네임 'back****', '*맘', '하늘**', '**엄마', '*하나'의 댓글.

주31 저자가 블로그에 올린 글 "신생아 아빠, 엄마와 아빠의 차이"(2008. 8. 30.)에 대한 닉네임 '**공원'의 댓글.

주32 〈여성학 연구〉, vol. 22(1), 조윤경, "'아버지 자녀 양육서'에 내재한 젠더 질서", 35~72p, 40p, 2012.

주33 〈한겨레〉, 양은영, "시대 흐름과 동떨어진 '남성 생계부양자 모델'", 2015. 12. 18.

주34 〈한겨레〉, "20대 대기업 여성직원 비율 14.5% 그쳐", 2014. 4. 13./〈연합뉴스〉, "한국 '여성 유리천장 지수' OECD 최하위", 2015. 3. 7./〈여성신문〉, "공기업은 여성 임원 '무덤'인가", 2015. 5. 13./〈경향신문〉, "여성 대통령 3년, 여성 지위는 '뒷걸음'", 2016. 3. 7./〈MBN 뉴스〉, "남녀 임금격차 36.6%…여성·청년단체 '동일임금의 날' 제정 촉구", 2016. 5. 24.

주35 〈한겨레 21〉, 805호, "여학생은 '스펙'에 목마르다", 2010. 4. 8.

주36 〈MBC 스페셜〉, "취업난이 우리 삶에 끼치는 영향", 2009. 10. 9.

주37 저자가 블로그에 올린 글 "남자와 여자의 취업경쟁은 과연 공정할까?"(2011. 11. 27.)에 대한 닉네임 '후*'의 댓글.

주38 저자가 블로그에 올린 글 "남자와 여자의 취업경쟁은 과연 공정할까?"(2011. 11. 27.)에 대한 닉네임 '*고양이'의 댓글.

주39 〈세계일보〉, 심형보, "[명화 속 여성] 알로리(作) '홀로페르네스의 목을 든 유디트'", 2006. 9. 1.

주40 정확히는 '후처'인데, 최강희 장군의 전처가 임종하면서 논개를 아내로 맞아드리라 했다고 한다. 장수현감 시절 최강희는 억울한 누명을 쓴 논개 모녀가 오갈 데가 없자 자신의 집에서 아내의 병 수발을 들게 했고 이것이 후에 부부의 연으로 이어진 계기가 되었다.

주41 여기서부터 등장하는 논개에 관한 논의는 다음 글에서 참조했다. 이정옥, 『한국 성사회학의 방법론적 모색』 중 4장 「논개, 히스토리(History)에서 허스토리(Herstory)로」, 2001, 솔넷

주42 리베카 솔닛, 『남자들은 자꾸 나를 가르치려 든다』, 184p, 2015, 창비, 솔닛은 이 표현의 출처를 애스트라 테일러(Astra Taylor)의 책 『대중의 플랫폼』(The People's Platform)이라 밝히고 있다.

주43 윤보라 외, 『여성혐오가 어쨌다구? : 벌거벗은 말들의 세계』 중 정희진의 글 「언어가 성별을 만든다」, 104~105p, 2015, 현실문화연구

주44 저자가 블로그에 올린 글 "남자와 여자의 취업경쟁은 과연 공정할까?"(2011. 11. 27.)에 대한 닉네임 '＊까말'의 댓글.

주45 인류학자 윤택림이 『한국의 모성』(2001, 미래인력연구센터)에서 표현했다. 김보성 외, 『엄마의 탄생 : 대한민국에서 엄마는 어떻게 만들어지는가』 중 김향수의 글 「지금 시작하지 않으면 늦어요! : 유아기까지 드리운 조기교육 경쟁」에서 재인용했다, 191p, 2014, 오월의봄

주46 저자가 블로그에 올린 글 "'저 여자 담배 피워요!'와 '저 남자 담배 피워요!'의 다른 의미"(2010. 5. 3.)에 대한 두 개의 댓글을 하나로 재구성한 것이다. 주요 내용은 닉네임 '＊라미'의 댓글이었고 보조적으로 'ㅋㅋ'(사실상 익명)로 작성된 댓글을 참조했다.

주47 〈연합뉴스〉, "아침 드라마 소리 없는 전쟁, '막장과 통속' 사이", 2015. 6. 21.

주48 노명우, 『세상물정의 사회학 : 세속을 산다는 것에 대하여』, 177p, 2013, 사계절

주49 〈한겨레〉, "여성직장인 절반 '회사서 성희롱 당해'", 2015. 12. 30.

오찬호 __작가, 사회학 연구자

1978년에 태어났고 사회학으로 박사학위를 받았다. 2007년부터 전국의 11개 대학 및 대학원에서 강의를 하며 여러 학생들을 만났다.

자본주의를 '어쩔 수 없는 것'으로 받아들이는 체념적 푸념이 사회에 만연해질 때, 그 안에서 살아가는 개인의 삶이 얼마나 괴기해질 수 있는지를 관찰하는 데 관심이 많다. 어설픈 희망에 집착하는 것보다 명백한 절망을 파괴하는 것이 훨씬 효과적이라 생각하기에 암울한 세상을 '암울하다' 말하는 걸 주저하지 않는다.

대학 강의는 갑질하는 교수들이 싫어서 최근에 많이 줄였다. 그래서 조금 힘들지만 아직은 사교육 시장에서 간간이 들어오는 섭외를 야무지게 뿌리치고 있다.

대부분의 시간을 글을 읽고 쓰는 데 사용하나, 불러주면 강연도 마다하지 않는다. KBS〈TV, 책을 읽다〉, 국회방송〈TV, 도서관에 가다〉, MBN〈황금알〉, tvN〈젠틀맨 리그〉등에 간헐적으로 출연한 바 있다.

지은 책으로는 『우리는 차별에 찬성합니다 : 괴물이 된 이십 대의 자화상』(2013, 개마고원), 『진격의 대학교 : 기업의 노예가 된 한국 대학의 자화상』(2015, 문학동네)이 있고 『이따위 불평등』(2015, 북바이북)에 공저로 참여했다. 『절망의 나라의 행복한 젊은이들』(2014, 민음사), 『대학의 배신』(2016, 지식프레임), 『하얀 폭력, 검은 저항』(2016, 돌베개)의 해제를 작성했다.

오늘보다 내일, 더 많은 사람들이 자유로워지길 희망한다. 남자다움, 여자다움이 아니라 오직 '사람다움'에만 구속된 개인들로 넘쳐나는 사회를 꿈꾸며 『그 남자는 왜 이상해졌을까?』를 집필했다.

1판　1쇄 발행 | 2016년 7월 25일
1판 10쇄 발행 | 2018년 8월 30일

지은이 | 오찬호
발행인 | 김태웅
편집장 | 강석기
기획편집 | 박지호, 민혜진
디자인 | design PIN
마케팅 총괄 | 나재승
마케팅 | 서재욱, 김귀찬, 오승수, 조경현, 양수아
온라인 마케팅 | 김철영, 양윤모
인터넷 관리 | 김상규
제　작 | 현대순
총　무 | 김진영, 안서현, 최여진, 강아담
관　리 | 김훈희, 이국희, 김승훈

발행처 | (주)동양북스
등　록 | 제2014-000055호
주　소 | 서울시 마포구 동교로 22길 12 (04030)
전　화 | (02)337-1737
팩　스 | (02)334-6624

www.dongyangbooks.com
blog.naver.com/dymg98

ISBN 979-11-5703-190-0　03330

ⓒ 오찬호, 2016

이 도서의 국립중앙도서관 출판예정도서목록(CIP)은 서지정보유통지원시스템 홈페이지(http://seoji.nl.go.kr)와
국가자료공동목록시스템(http://www.nl.go.kr/kolisnet)에서 이용하실 수 있습니다.
(CIP제어번호:CIP2016016602)